우표로 새긴 한국의 영광

감악 조수행

성원인쇄문화사

인사말

-한국의 영광 (독립에서 월드컵 독도까지)

우표 한 장에
역사의 숨결이 담겨 있습니다.
1910년
나라를 빼앗기고
말과 글이 금지되던 암울한 시절,
우리는 분연히 일어섰습니다.
3·1의 함성,
임시정부의 불빛,
목숨 바친 독립운동가
이름 없이 사라진 수많은 삶이
오늘의 대한민국을
지켜냈습니다.

2002년,
한일 월드컵 공동 개최로
전 세계를 놀라게 한
열정과 단합으로
우리는 한 걸음 앞에 섰습니다.
독도는
지금도
우리 땅으로 서 있습니다.

『한국의 영광』은
과거의 기록이 아니라
현재의 다짐입니다.
기억하는 나라,
지켜가는 역사.
이 책이
그 약속의 한 장으로
남기를 바랍니다.

2025년 겨울 감악산방에서 저자

저자 약력

- 67년 (전)체신부 5급 공개채용 합격
- 영월우체국 초임 발령
- 군 복무 (파월 근무 포함 35개월)
- 횡성우체국 복직
- 대전우체국 우편과장
- 태안 우체국장
- 강릉우체국 업무과장
- 정선, 속초, 양양, 삼척우체국장 역임
- 2005년 명예퇴임
- 국가 유공자
- 녹조 근정훈장
- 2008년 한국생활문학 등단
- 2018년 한국생활문학 대상 수상
- 한국생활문학 자문위원
- 한국문인협회 회원
- 관동문학 회원
- 지시 늦바람 난 시
  공동밥상
  우표료 새긴 한국의 영광
  민족통일로 가는 길(우취 작품)

우표로 배우는 독립운동사

반만년 역사를 가진 우리 민족이 1910년 일본에 강제 합병당하여 1945년 해방까지 일제에 항거하여 나라를 되찾고자 한 독립운동사를 우표로 공부하고 다시는 같은 비극이 되풀이되지 않고 새로운 미래를 열어가는 다짐으로 본 작품을 만듭니다.

목 차

1. 일본의 한국 倂合(병합)

1-1 을사늑약과 조선총독부 살치

1905년 11월 17일 일본이 대한제국을 강압하여 을사늑약을 체결함으로 한국은 외교권과 자주권을 박탈당하여 일본의 식민지로 전락하였다 이 조약에 의거 조선총독부가 설치되어 초대 총독은 이토희로부미가 부임하였다.

북한 발행 을사늑약

← 무공

유공→

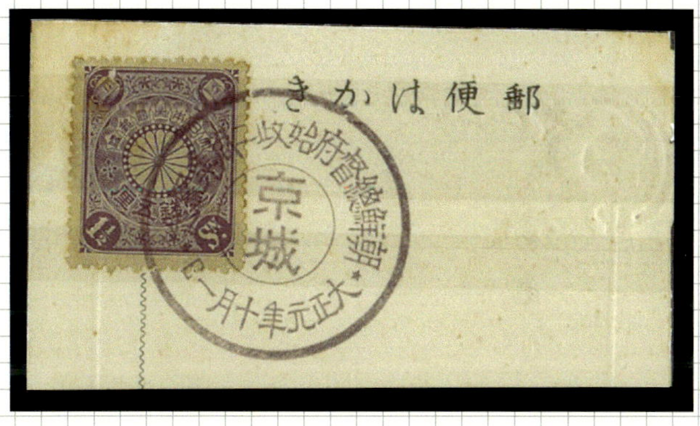

朝鮮總督府 市政 二 周年(大政 元年 十月 一日

朝鮮總督府 構內97.5.14)

↓ 朝鮮總督府 市政 葉書(소인 불분명)

1-2 사단대항 연습

일본의 2개 사단이 전 병력을 동원하여 경기도 남부 일대에서 1930년 10월 9일부터 5일간 실시한 군사훈련으로 부대별 군사훈련과 만주 침략 준비와 그 위용을 과시함으로 식민정책의 위압을 목적으로, 또 엽서를 발행하여 일제의 정책을 홍보하는 수단으로 활용되었다.

1-3 간도협약

간도 지역은 고구려와 발해의 옛 땅이다. 조선은 중국 송화강을 청나라는 두만강으로 영토 분쟁이 있었으나 1909년 9월 4일 간도협약을 맺어 간도를 청의 영토로 하였고, 일본은 만주 안봉선 철도 부설권을 차지하였다. 간도협약에 조선이 참석하지 못한 이유는 1905년 을사늑약으로 외교권을 일본에 빼앗겼기 때문이다.

1-4 만국평화회의

이준 열사(1859.1.21. ~ 1907.7.14.) 조선과 대한제국의 최초 검사이자 외교관, 함경남도 북청군 출생으로 일본 와세다 대학 법과를 졸업하고 1898년 독립협회에 가입하여 만민공동회에서 적극적으로 활동하였다. 1904년 일제가 한일의정서를 강제 체결하고 내정간섭을 자행하면서 침략 정책을 강화하자 이에 대한 반대 시위 운동을 일으키는데 주동적 구실을 하였고, 같은 해 일본이 황무지 개척권을 요구하자 대한보안회를 조직해 반대 투쟁을 전개했다. 이후 대한협동회, 공진회, 헌정연구회 등을 조직하여 항일운동과 애국계몽운동을 계속해 왔다.

1907년, 을사늑약이 고종의 의사에 의해 이루어진 것이 아니라 일본의 강압으로 체결된 조약이기에 무효라는 것을 세계만방에 선언하고 한국독립에 관한 열국의 지원을 요청하고자 네덜란드 헤이그에서 열리는 세계평화회의에 파견되었으나 열강의 대표들은 냉담했고 이에 격분한 이준 열사는 순국하였다.

과도정부 원화보통

철판 첨쇄

태극기와 고종황제 영원 우표 초일

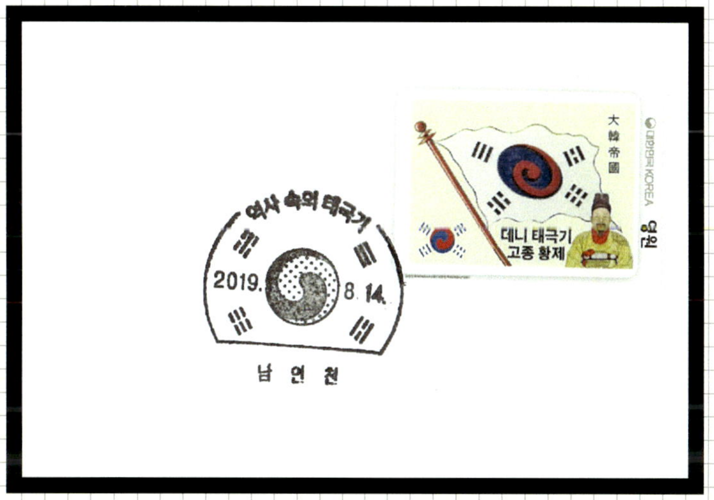

평판 첨쇄

48.10.1 서울 접수 미국 뉴욕행 실체

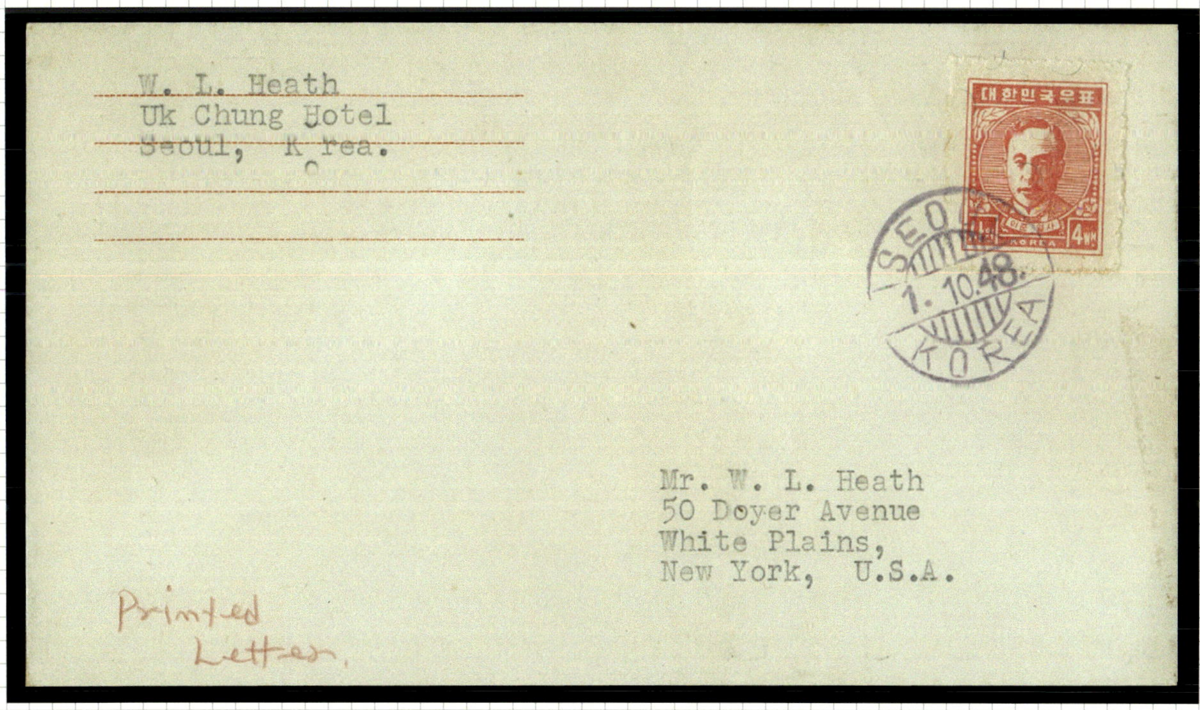

2. 3.1 운동

2-1 3.1 운동의 이념적 배경(민족자결주의)

1919년 제1차 세계대전의 뒤처리를 위해 열린 파리 강화회의에서 당시 미국 대통령이었던 우드로 윌슨이 제창한 것으로, 한 민족이 그들 국가의 독립 문제를 스스로 결정짓게 하자는 원칙으로 식민지 상태에서 해방과 독립을 열망하는 약소 민족들에게 큰 희망을 안겨 주었고, 우리나라의 3·1운동에 많은 영향을 미쳤다.

월슨 대통령(Thomas Woodrow Wilson)

1913년_1921년까지 미국의 제28대 대통령으로 저명한 역사가이자 정치학 박사로 민족자결주의를 제창하였다. 대통령으로서 그는 미국의 경제 정책을 변경하고 1917년에 미국을 제1차 세계대전에 참전시켰으며 또한 국제연맹의 주요 설계자였으며, 그의 진보적인 외교 정책 입장은 '윌슨주의'로 알려져 있다

2-2 3.1 운동의 개요

일본의 강압적인 식민 통치에 맞서서 일어난 온 겨레의 민족운동으로 1919년 3월 1일 손병희 이승훈 한용운 등 민족대표 33인의 이름으로 파고다 공원에서 독립선언서를 배부 낭독하고 독립을 선포하여 우리의 주체성과 독립 의지를 전 세계에 천명하였다. 이 운동은 비폭력 만세 운동으로 참여한 인원만도 202만 명 시위 수 1.500여 회 4만 6천 명 투옥 사망 7천 5백여 명에 달한다.

단기 4283년(서기 1950) 3.1절 기념 초일 봉투 ↑ 3.1절 제40주년 기념 우표 초일 봉투 ↓

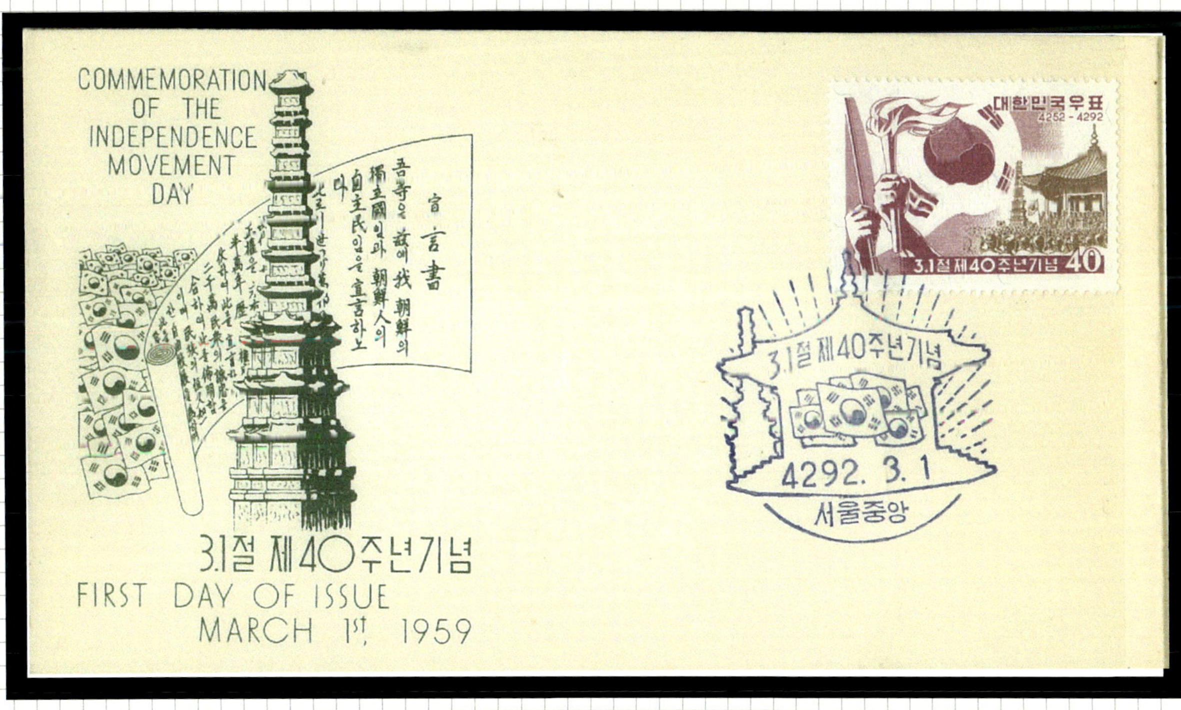

2-3 3.1운동의 전개 ①

3.1절 제60주년과 75주년 기념우표 기념인 날인

3.1절 50주년 기념 초일봉투

2-3 3.1 운동의 전개②

⬍북한 발행 3.1절 기념 우표와 실체 봉투 3.1 운동 100주년 기념 엽서 실체 ↑

2-4 3.1 운동의 발상지 (탑골공원) ①

탑골공원은 서울 종로구 종로 2가에 위치한 공원으로 1919년 일제에 항거하는 3.1운동이 일어났던 곳으로 민족대표 33인의 이름으로 독립선언서가 낭독되었다. 이를 시점으로 만세운동이 전국적으로 퍼지면서 독립운동의 시발점이 되었다.

이 공원은 한국인을 위해 처음으로 만들어진 공원이며 사적 354호로 지정되었다.

물결 무늬 보통 우표 파고다 실체 ⬇

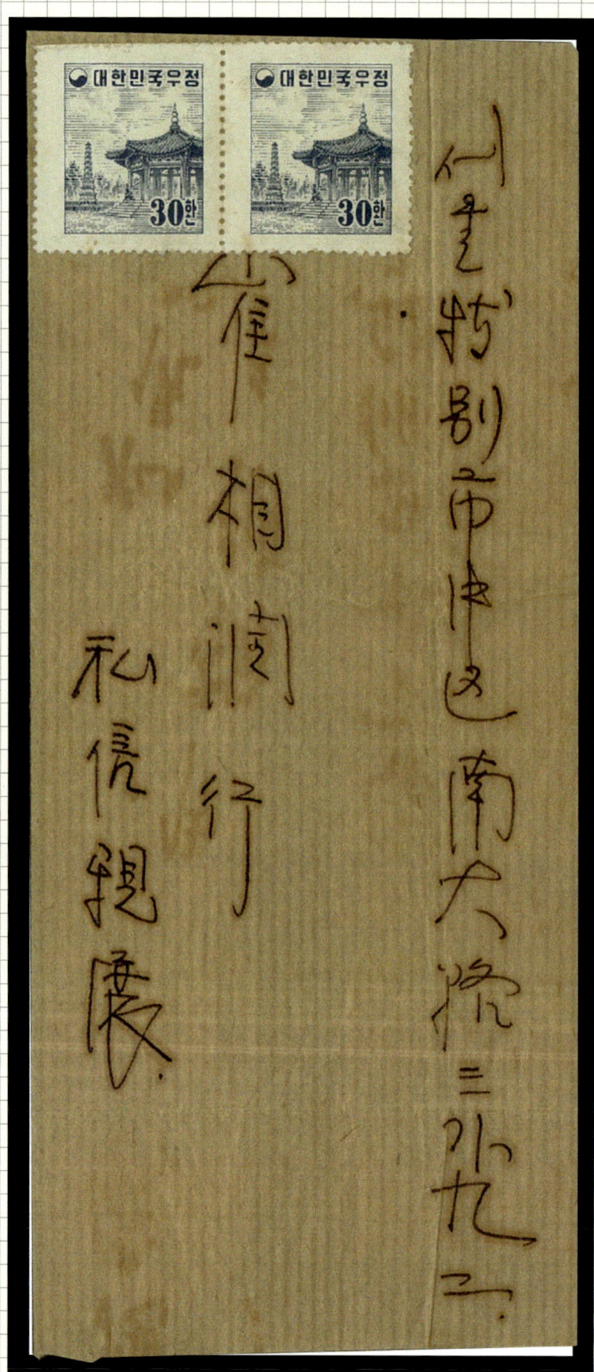

증정용 기념 시트 ⬇

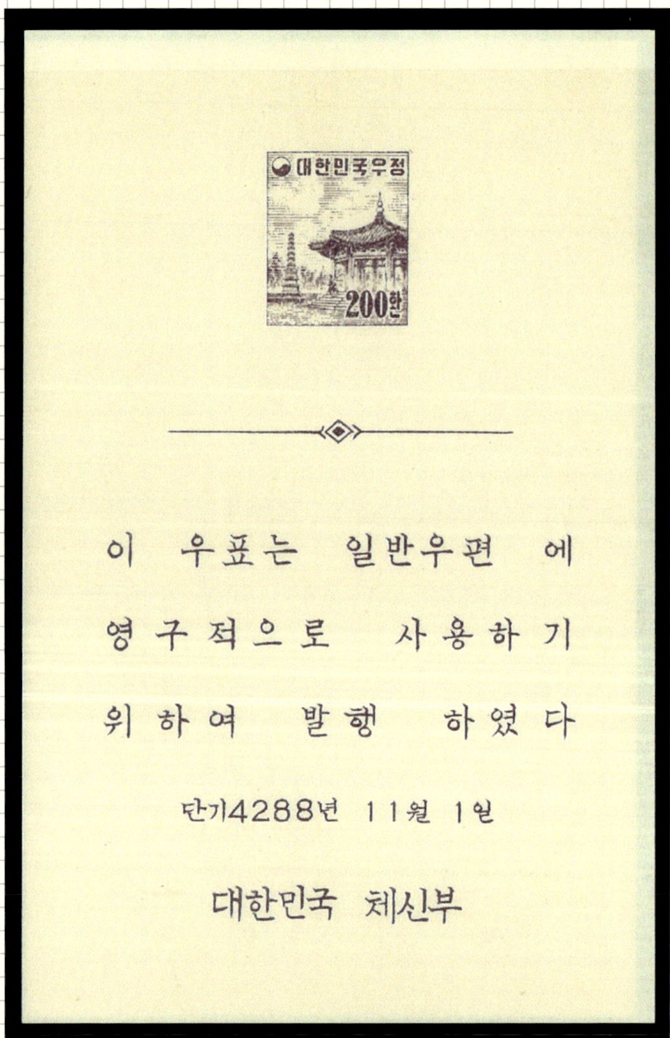

2-4 장소(탑골공원) ②

⬇ 후면 복사본

일제강점기 시절 엽서

⬅ 오늘날 탑골공원 엽서

2-5 독립선언서

"오등은 자에 아-조선의 독립국임과 조선인의 자주민임을 선언하노라"로 시작하는 독립선언서는 최남선이 지었으며 선언서와 공약 3장으로 구성되었다. 독립선언서서는 조선 독립이 우리 민족만을 위한 것이 아니라, 세계평화와 인류 행복에 이바지하는 것이라 밝히고 조선의 독립이 동양 평화와 세계평화에 직결된다는 점을 분명히 하고 있다.

3.1운동 100주년 기념 실체 ↑ 밀레니엄 시리즈 10집 3.1운동과 독립선언 실체 등기 ⬇

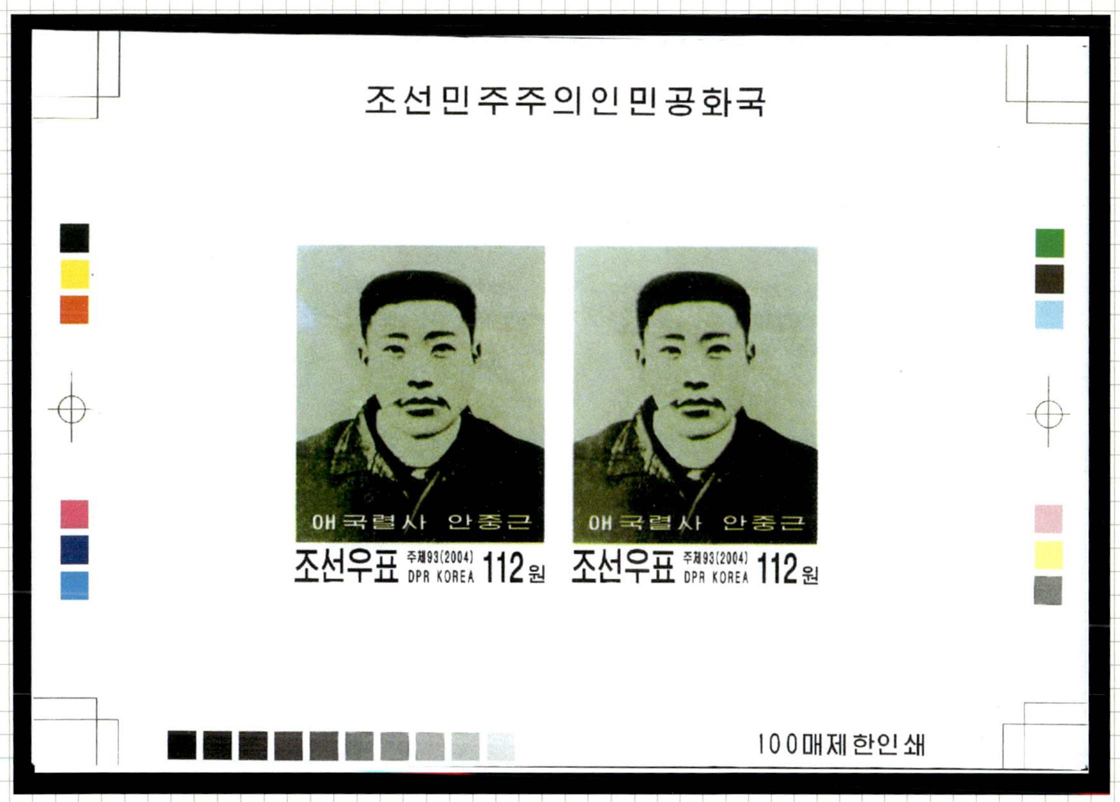

북한 발행 안중근 의사 출생 125주년 기념 시쇄와 중국행 해외 실체

7-1 안중근 ④

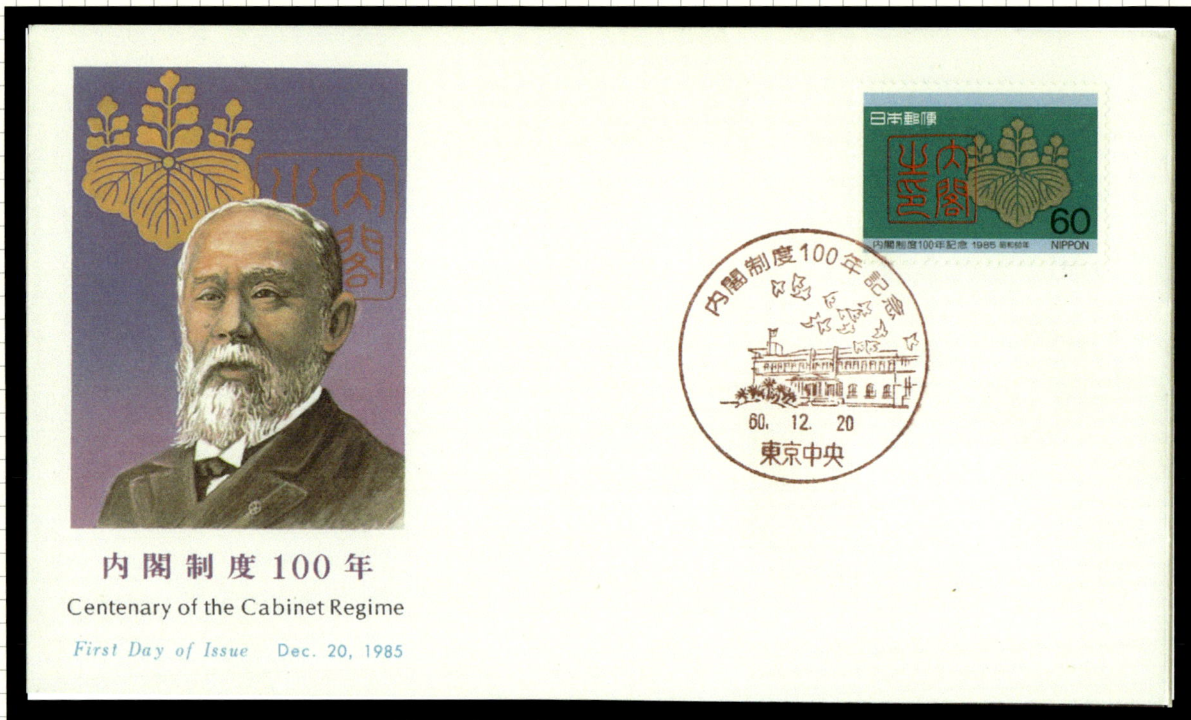

만주 하얼빈역에서 안중근 의사에게 암살당한 이토 히로부미

이토 히로부미 사살 100주년 기념 기계인

7-2 유관순(1904-1920) ①

3.1운동 때의 독립운동가. 충남 천안에서 출생, 1919년 3.1운동으로 다니던 이화학당이 문을 닫자 고향으로 내려가 독립 만세 시위를 계획, 같은 해 4.2일 천안 아우내 장터에서 수천 군중에게 태극기를 나누어 주며 행렬을 지휘하고 만세를 부르다 체포되어 서대문 형무소에서 복역 중 옥사하였다.

유관순 열사 순국 100주년 기념엽서 실체

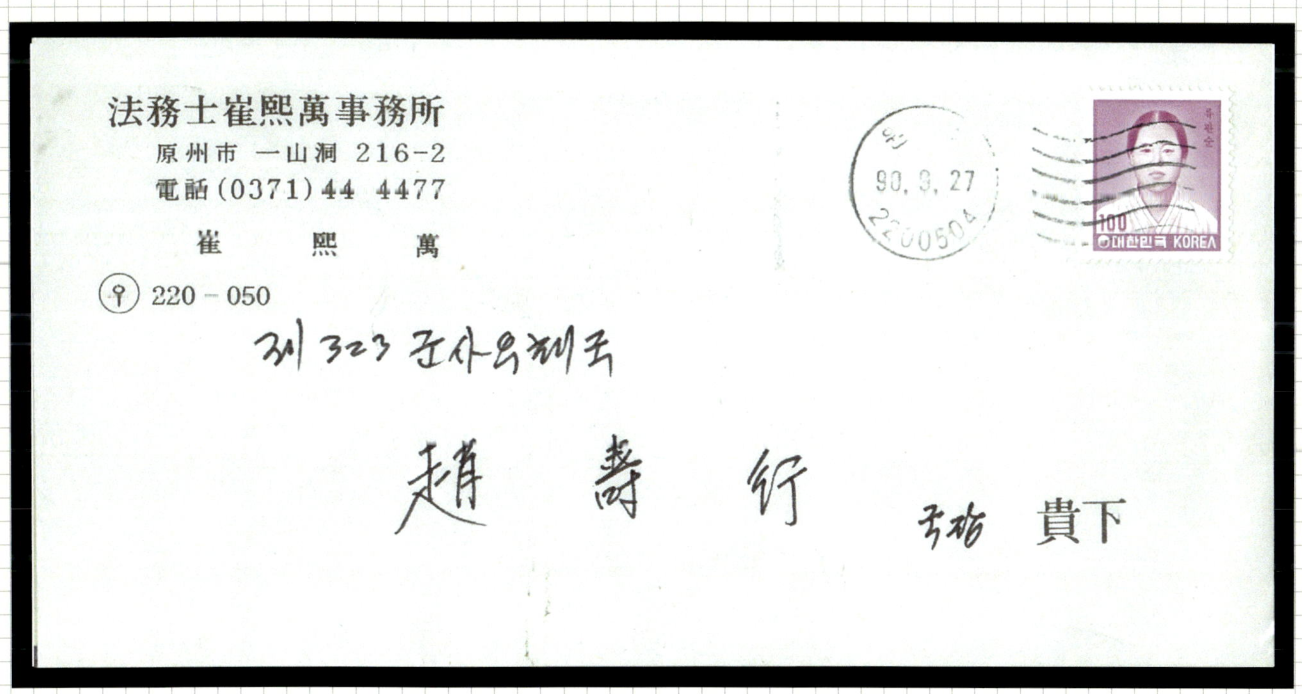

유관순 보통 우표 실체

7-2 유관순 ②

유관순 열사 순국 100주년 기념 시트 실체

7-2 유관순 ③

유관순 열사 순국 100주년 기념우표 실체

7-3 백범 김구(1876- 1949) ①

백범 김구는 일제강점기 독립운동가이자 대한민국의 통일운동가, 정치인이다. 백범은 대일 의열단 한인애국단을 이끌었고 대한민국 임시정부 주석을 역임하였으며, 1962년 '건국훈장 대한민국장'이 추서되었다.

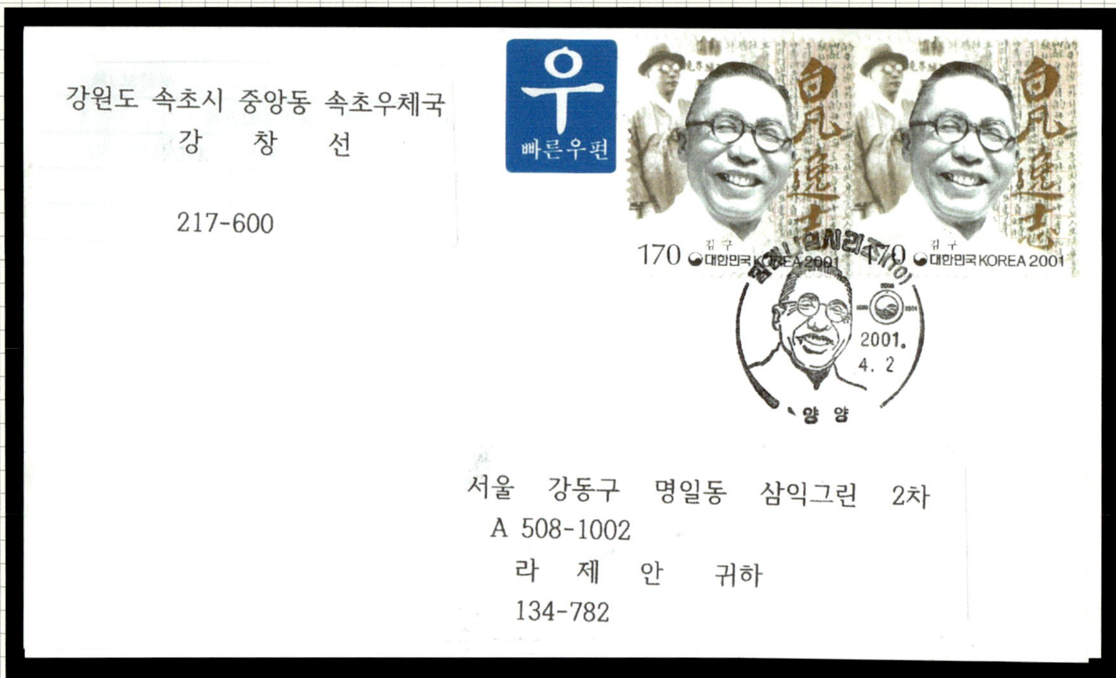

백범 김구 보통 우표 빠른 우편 실체

백범 김구 550원 등기 우편 실체

7-3 백범 김구 ②

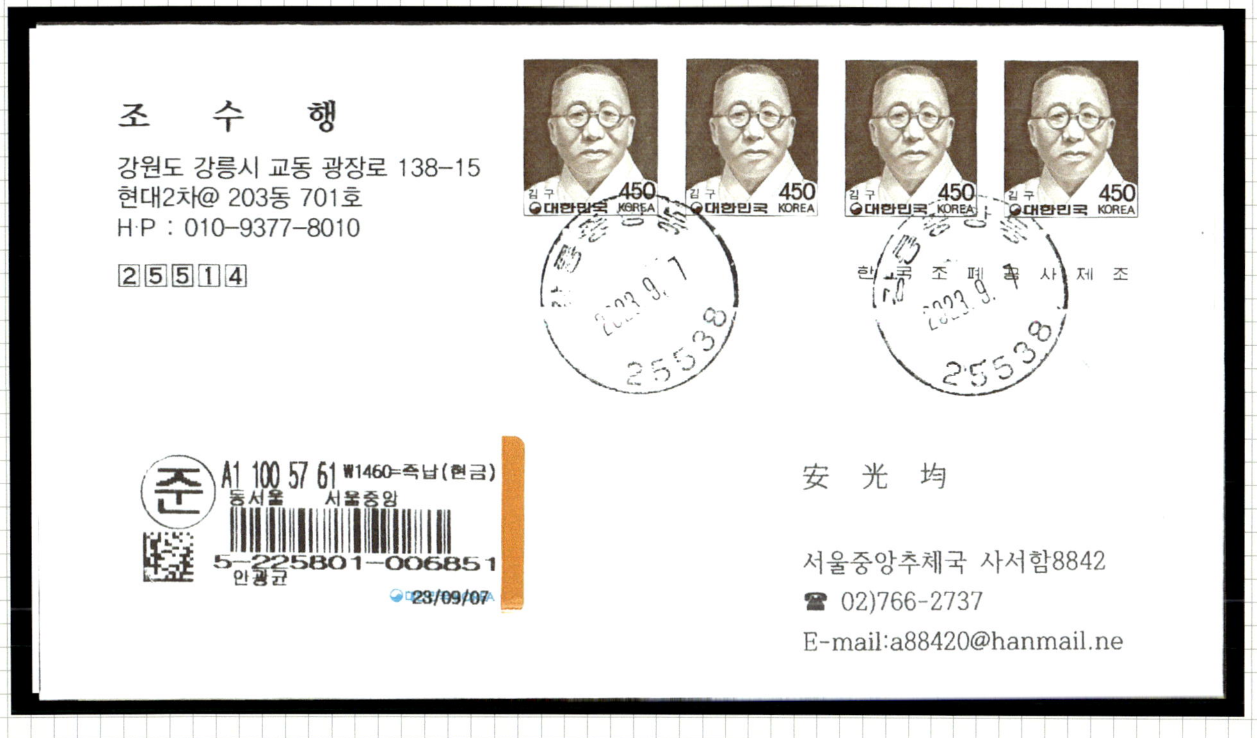

김구 450원 보통 우표 등기 실체

광복 75주년 태극기 우표 전시회에서 발행한 영원 우표 초일 봉투

7-3 백범 김구 ③

북한에서 발행한 김구 시쇄 우표

7-3 백범일지

백범일지(白凡逸志) 독립운동가인 백범 김구가 쓴 자서전으로 1929년과 1943년 각각 집필된 두 권의 친필 본은 1997년 6월 12일 대한민국의 보물 제1245호로 지정되었다.

7-4 도산 안창호(1878-1938)

독립운동가, 교육가, 평남 강서 출행. 1879년 독립협회에서 이승만 등과 만민 공동회를 열었고 1907년 신민회를 조직 독립운동을 벌이며 평양에 대성학교를 세웠다. 1913년 미국에 건너가 흥사단을 조직하였으며 3.1운동 때에는 상해임시정부에 내무총장, 국무총리 서리 등을 지내다가 1937년 동우회 사건으로 체포되어 병보석으로 입원 중 세상을 떠났다.

안창호 보통 우표 등기 실체

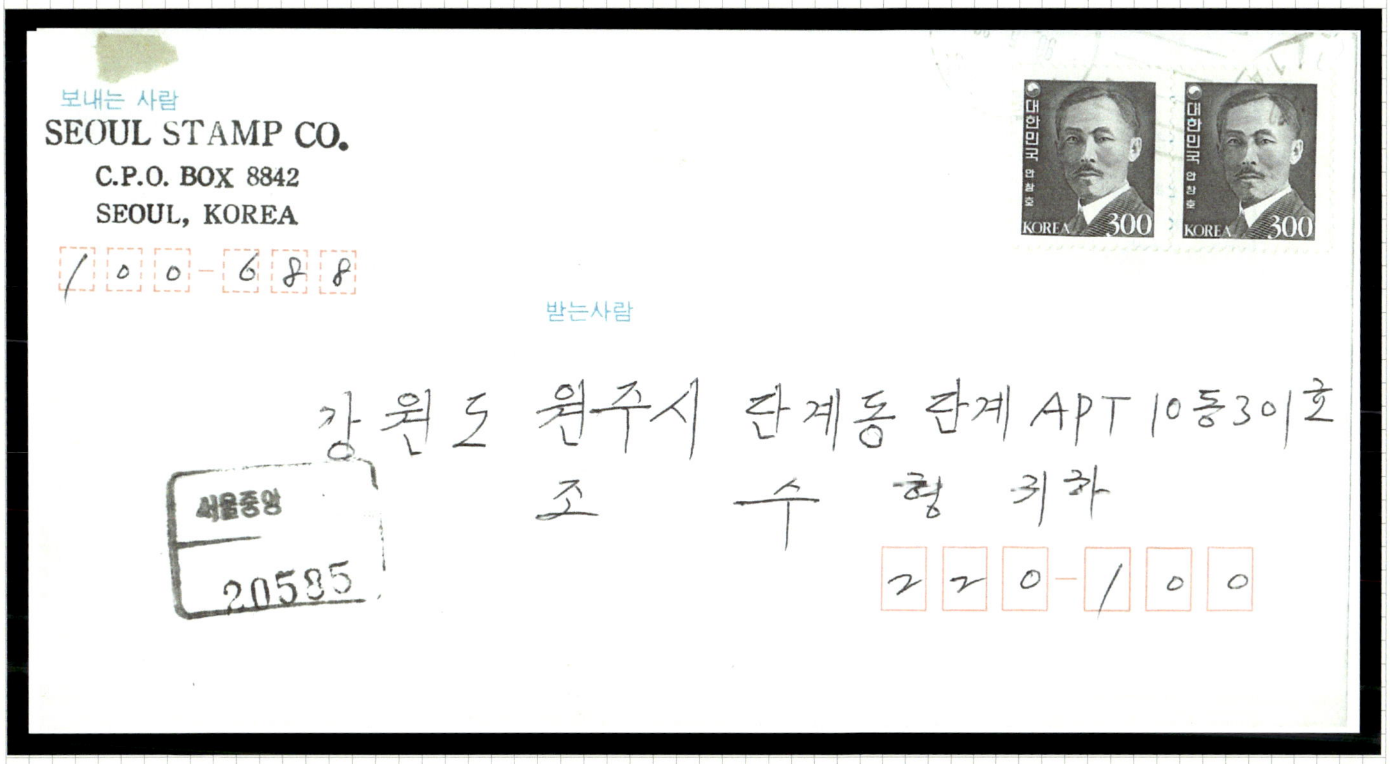

흥사단 창립 100주년 기념 초일

7-5 대현 윤봉길 ①

독립운동가. 충남 예산에서 출생. 3.1운동이 일어나자 마을에 야학을 세우고 일진회를 조직 청소년들에게 애국심과 근면 협조 정신을 고취하였다. 1932년 상해 홍구공원에서 일본 천황의 생일 경축에 폭탄을 던져 우리의 독립 의거를 전 세계에 알리는 계기가 되었으며 현장에서 체포되었다.

윤봉길 의사 의거 60주년 기념 초일 실체 ↑

윤봉길 의사 의거 70주년 기념엽서 ↓

7-5 대현 윤봉길(1708-1932) ②

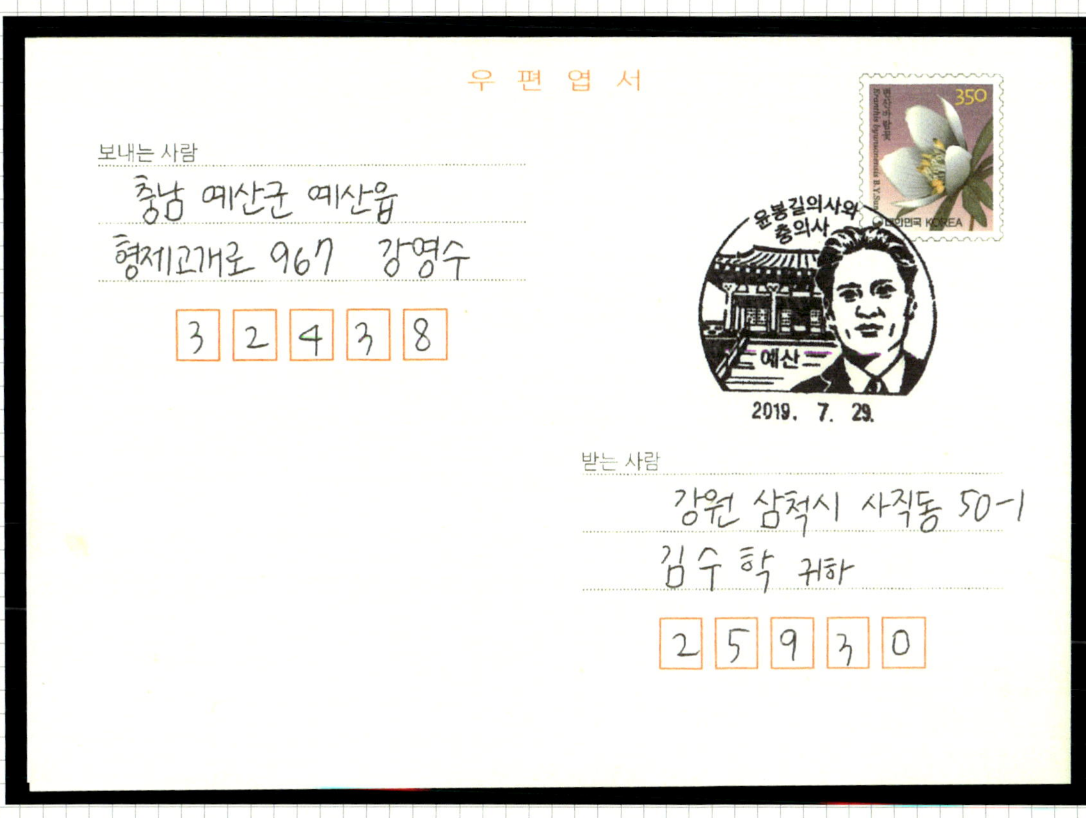

윤봉길 의사가 자란 예산군 덕산면 시향리 충의사의 기념인

윤봉길 의사 탄생 100주년 (2008.6.20) 기념 우표에 은평 우체국 영문 일부인과 사적비 기념인 도 함께

7-6 이봉창(1900-1932)

일제강점기인 1932년에 한인애국단의 단원으로서 일왕에게 수류탄을 던진 독립운동가. 수류탄이 빗나가 일왕 암살의 뜻을 이루지는 못했지만, 당시 우리의 독립운동에 큰 힘이 되었다.

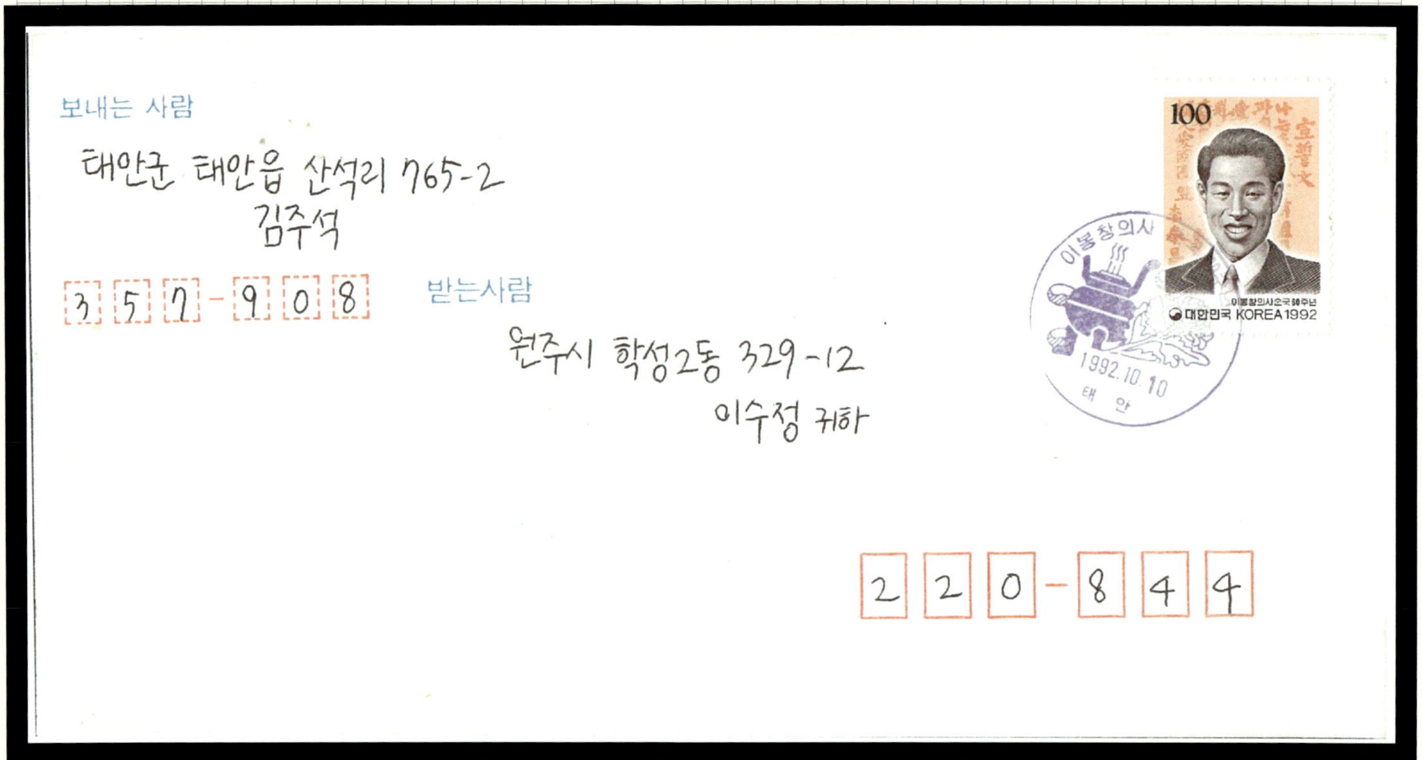

이봉창 의사 순국 60주년 기념우표 실체

7-7 황기환(1886-1923)

황기환 지사는 대한민국임시정부 외교관으로서 유럽과 미국에서 국권 회복 활동을 펼치다가 미국 땅에 묻힌 분임. 그의 유해는 순국 100년 만에 고국 땅을 밟고 영면에 들었으며 황기환 지사는 1995년 건국훈장 애국장이 추서되었다.

7-8 의암 손병희(1861-1922)

의안 손병희는 천도교(동학) 지도자이자 대한제국의 독립운동가이다. 일찍이 동학에 입문하여 1894년 천도교 3대 교주가 되었다. 동학농민운동 때 충청도와 경상도에서 10만의 교도를 이끌고 관군과 싸웠으며 3.1운동을 영도하여 독립선언을 하였다가 일본 경찰에 체포되어 서대문 감옥에서 복역 중 병보석으로 출감 후 순국하였다.

영원 우표 첨부한 맥시멈 카드와 손병희 기념인 날인

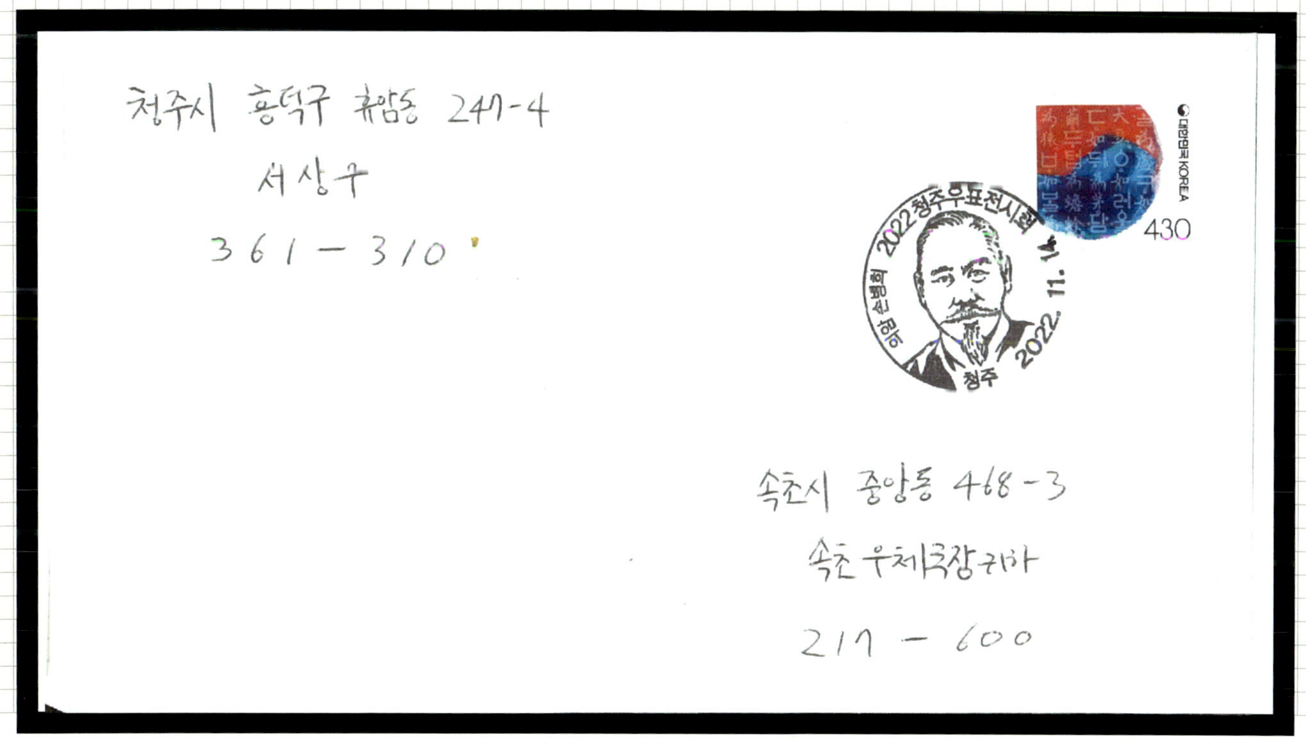

7-9 만해 한용운(1879-1944)

만해 한용운은 일제강점기의 시인, 승려, 독립운동가. 3.1운동 당시 민족대표 33인의 한 사람으로 참여하고 또한 독립선언서의 "공약 3장"을 추가 보완하였고 옥중에서 조선 독립의 서(朝鮮獨立之書)를 지어 독립과 자유를 주장하였다. 1918년 11월부터는 불교 최초의 잡지인 유심을 발행하였다.

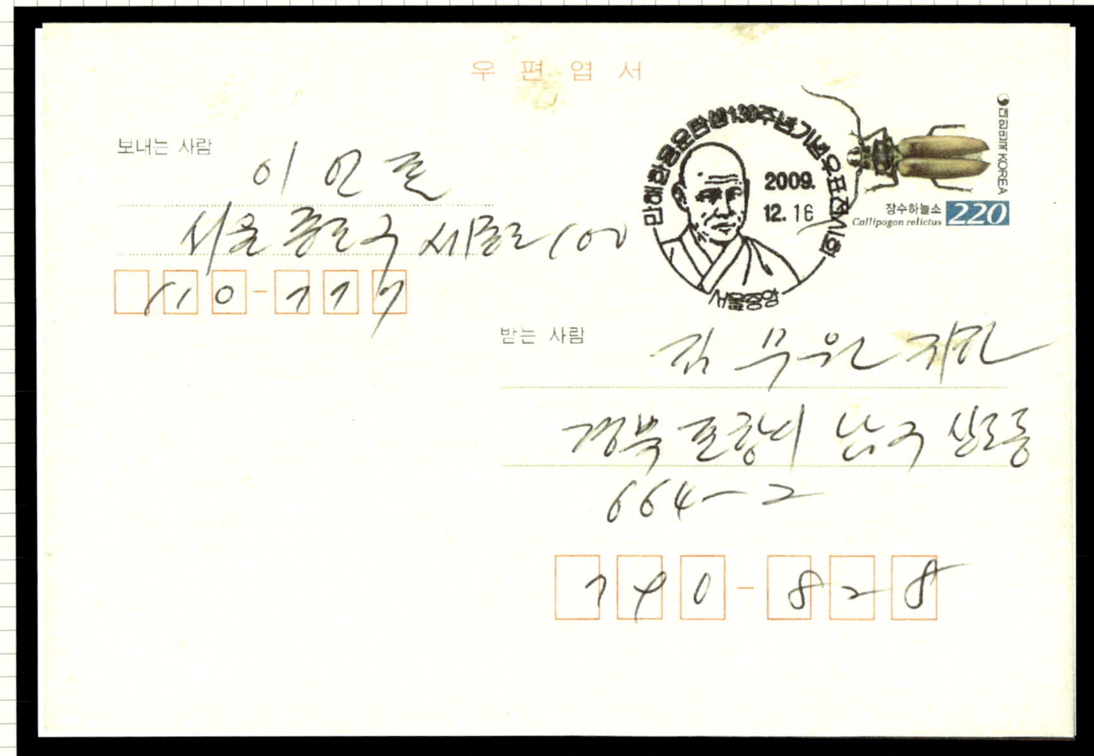

한용운 탄생 130주년 기념 우표 전시회 기념인과 추억의 인물 한용운 영원 우표 실체

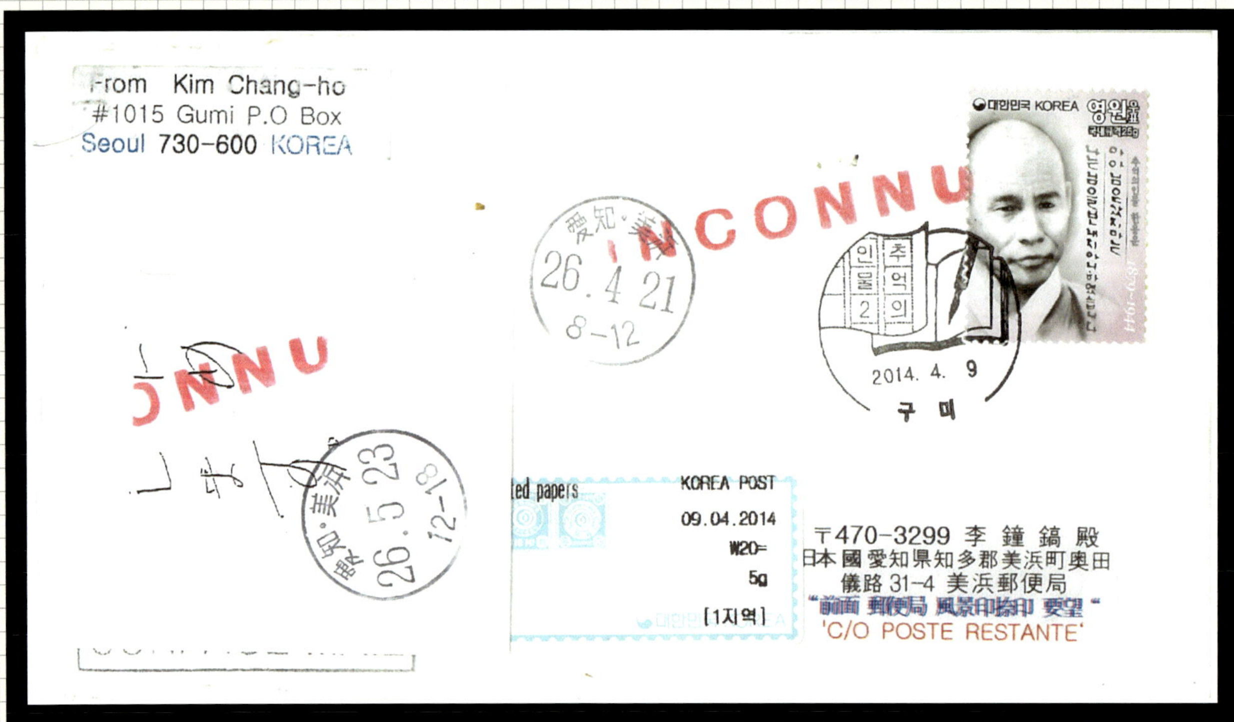

이 우편물은 구미에서 2014.4.9 구미에서 선편으로 접수 일본으로 건너가 4.21 愛知.美浜도착 5.23일 반송된 우편물이다

7-10 신채호(1880-1936)

일제강점기의 독립운동가이자 민족주의 사학자로 구한말부터 언론 계몽운동을 하다 망명, 1919년 대한민국 임시정부에 참여하였고 국민대표자회의 소집과 무정부주의 단체에 가담하여 활동했으며 사서 연구에 몰두하기도 1936년 2월 21 뤼순 감옥에서 뇌졸중과 동상, 영양실조 및 고문 후유증 등의 합병증으로 순국하였다.

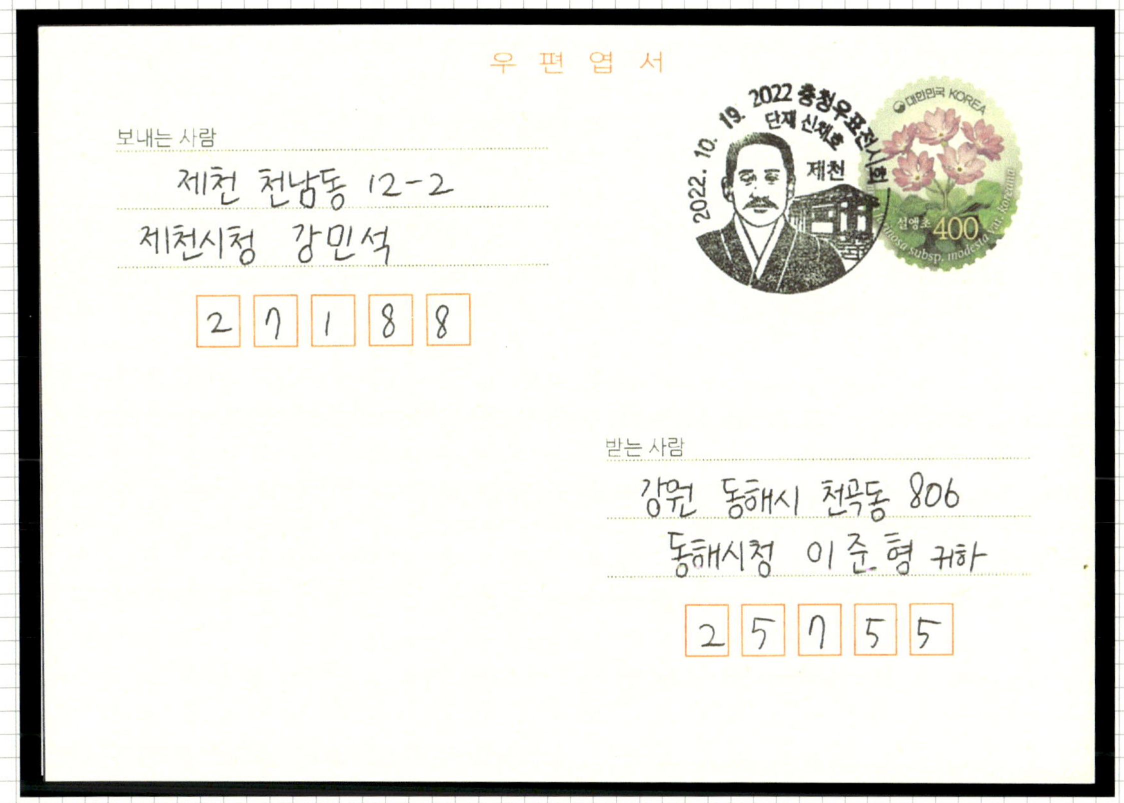

2022년 충청우표전시회 기념으로 만병초 엽서와 영원 우표에 단재 신채호 기념인 날인

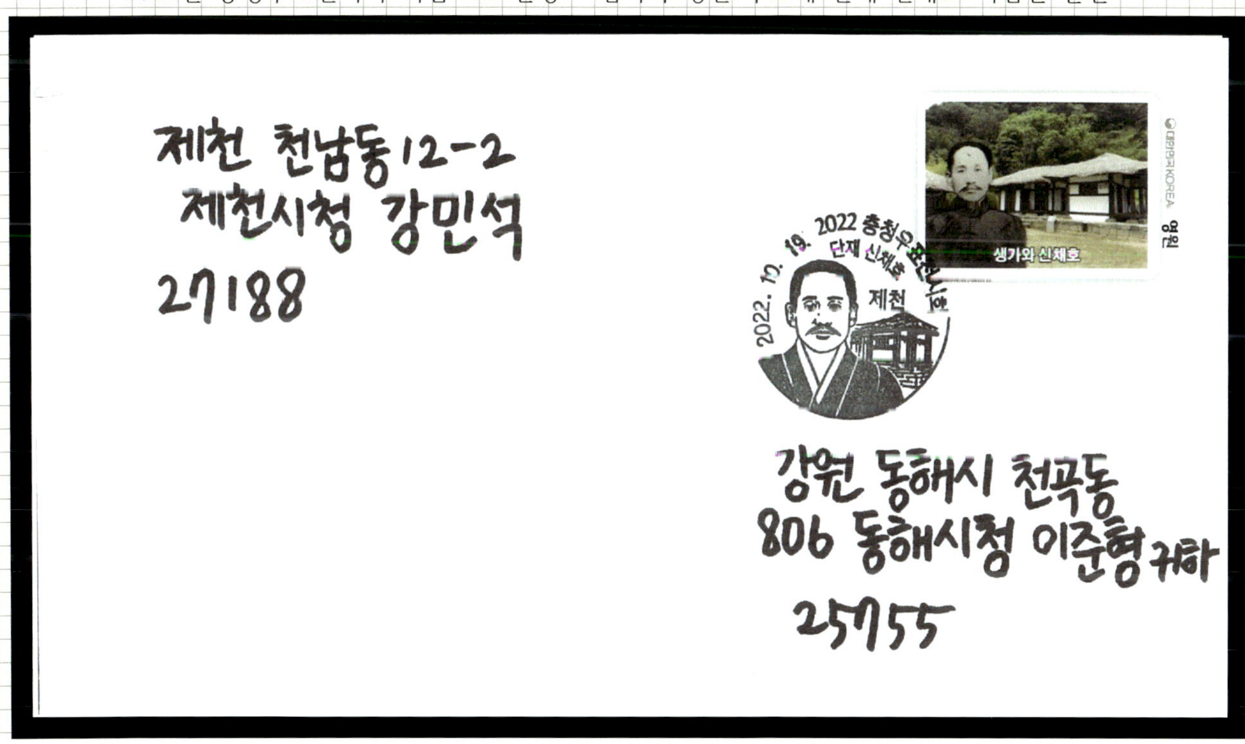

7-11 운암 김성숙(1898-1969)

대한민국의 독립운동가이자 불교 승려 겸 정치가 1919년 '조선독립군 임시사무소' 명의의 격문을 뿌려 옥고를 치렀으며, 이후 중국에 건너가 창일당, 의열단, 광저우 혁명, 조선민족해방동맹, 조선민족전선연맹 등에서 주도적인 역할을 하였다.

제19회 현충제기념 우표 전시회에 운암 김성숙 영원 우표에 기념 일부인 날인

7-12 김상옥(1890-1923)

일제강점기의 독립운동가. 김상옥 의사는 1923년 1월 12일 종로서에 폭탄을 던진 뒤 열흘 동안 은신했다가 종로 효제동에서 일본 경찰 수백 명과 총격전을 벌이다 자결하였다.

김상옥 의사 순국 100주년 기념 우표 첨부한 맥시멈 카드

김상옥 의사 순국 100주년 기념 우표 초일 준 등기 우편

7-13 윤동주(1917-1945)

일제강점기 대표적인 저항 시인이자 독립운동가로, 1917년 만주 북간도에서 태어나 일본 유학 중 항일 운동 혐의로 체포되어 옥중에서 1945년 27세의 나이로 생을 마쳤습니다.

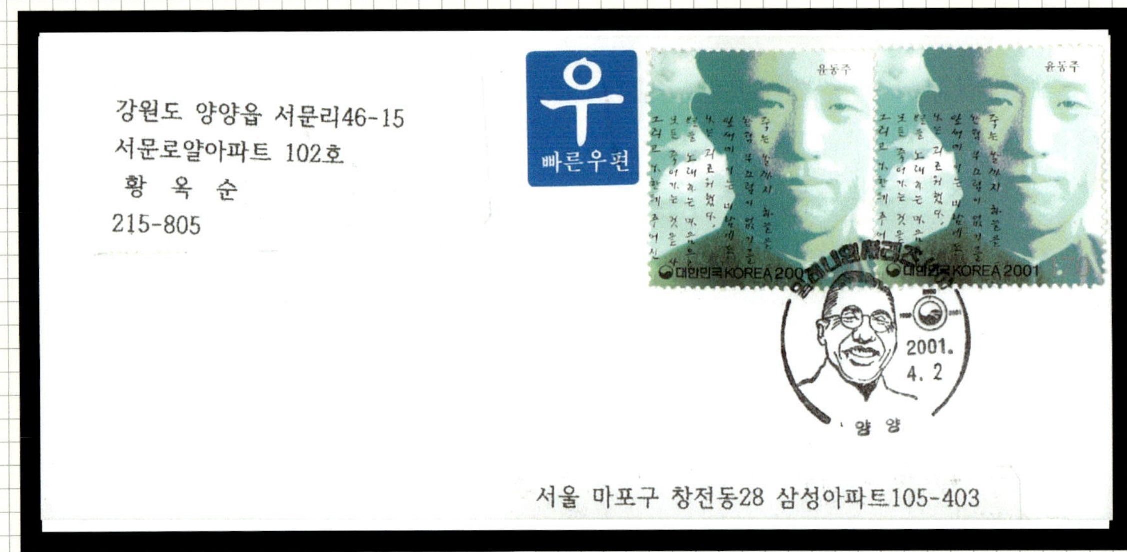

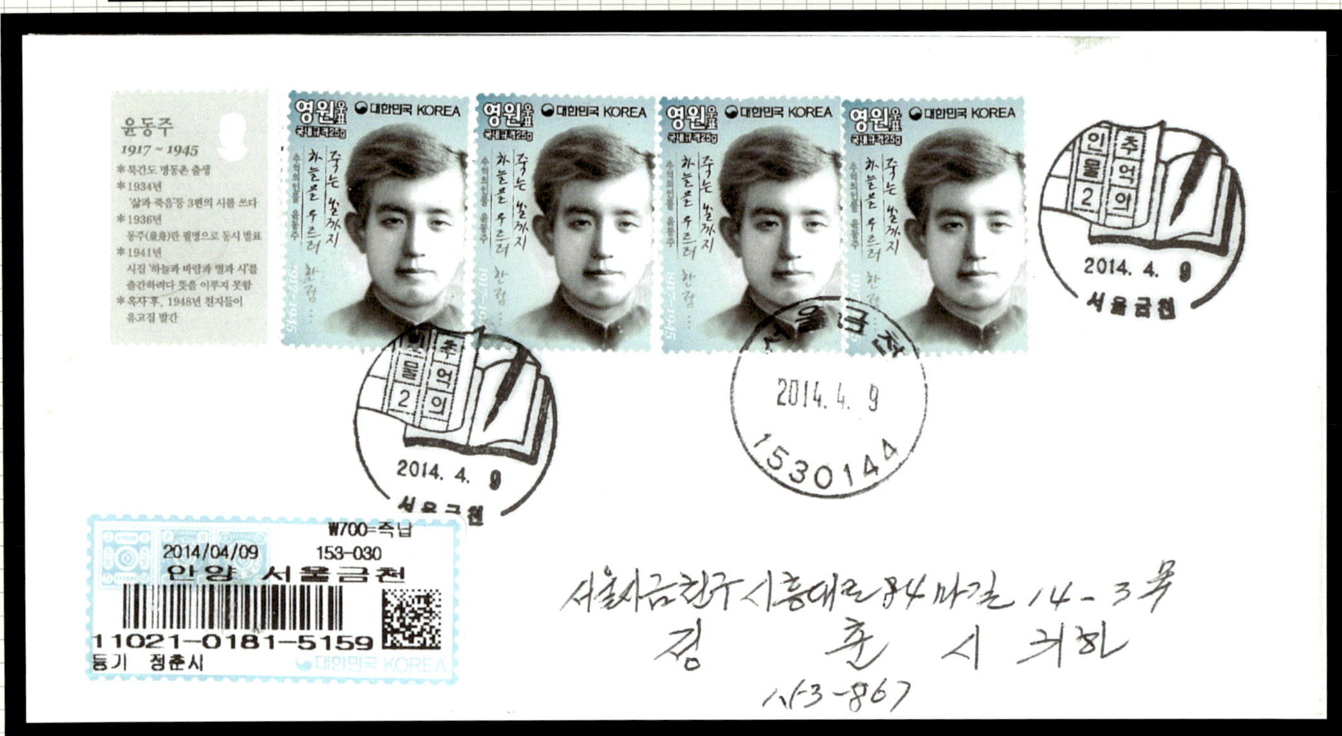

2001년 밀레니엄 시리즈. 추억의 인물

7-14 여운형(1886-1947)

일제강점기의 독립운동가 겸 저술가. 중국 건너가 신한청년당 당수로 활동하였고 1919년 3.1 만세 운동을 기획하는 일을 주도하였으며 상하이 대한민국임시정부 외무부 차장 등을 지냈다.

⬅ 북한 발행 우표

7-15 한서 남궁 억

한서 남궁 억 선생님은 대한제국 조선 왕조 말기의 교육자, 계몽운동가이며 일제 강점기의 독립운동가이자 교육가, 사회운동가, 시인, 저술가, 작사가, 작곡가, 언론인이며 나라꽃인 무궁화를 심기를 장려하여 (전국학교와 교회에 무궁화 묘목 30만 주 이상) 민족정신을 고취하고 독립협회와 황성신문을 통해 국민계몽과 독립협회 활동을 지원하였으며 또한 대한협회를 창립하고 회장으로 취임하여 애국계몽운동을 전개하였다.

나라꽃 무궁화 우표

ROLL 우표

제15회 홍천우표전시회 기념 기계인 날인 실체 봉투

7-16 박열(1902-1974)

박열은 한국의 아나키스트이자 사회운동가로 일본 도쿄로 건너가 흑도회, 흑우회 등 항일사상단체를 이끌었으며 1923년 9월 관동대지진 당시 조선인 학살의 와중에 일본 국왕을 폭살하려 했다는 혐의로 구속되어 22년간 수감생활을 하였으며, 이후 일본에서 결성된 한국인 교민단체인 재일본조선거류민단의 초대 단장을 지냈다.

박열 의사 생가 기념 일부인 날인 엽서

7-17 석오 이동녕(1869-1940)

독립운동가이며, 대한민국 임시정부의 임시의정원 초대 의장으로 선임, 국무총리 대통령 대리 주석 국무위원을 역임한 인사로 독립협회에 가입하고, 신민회를 조직하며 국권회복운동에 앞장섰다. 만주 북간도에서 한국 최초의 해외 사립학교인 서전서숙을 설립하고, 신흥무관학교를 설립하여 초대 교장을 역임하였다.

이동녕 선생 생가 기념 일부인 날인 엽서

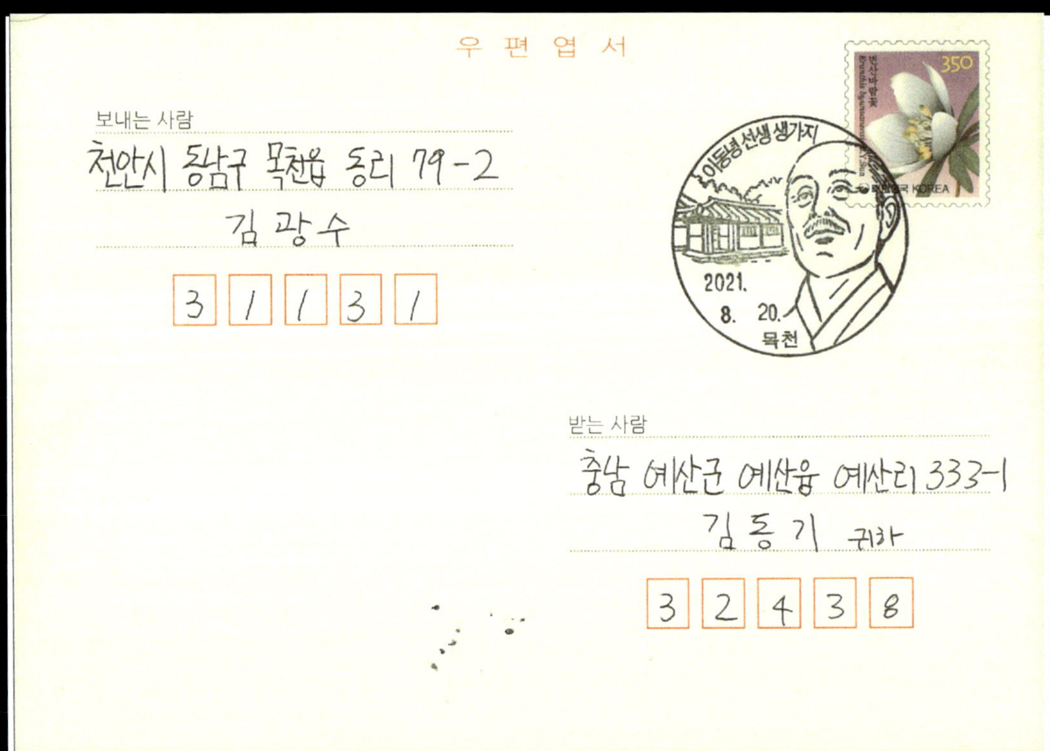

7-18 이회영(1867-1932)

조선 최고 명문가 자제로 일제에 맞서 전 재산을 팔아 6형제들과 만주로 이주해 독립군 양성소인 신흥강습소, 신흥무관학교를 설립한 독립운동가로 활약. 그는 국가보훈처, 광복회, 독립기념관과 공동으로 신흥무관학교 설립의 주춧돌을 놓았으며 만주 일본군 사령관을 처단하려다 체포되어 순국하였다.

우당 이회영 선생 탄생 150주년 기념우표 초일

7-19 신익희(1894-1956)

일제강점기 임시정부 내무총장, 국회의장 등을 역임한 정치인이자 독립운동가로 중화민국으로 망명하여 독립운동과 대한민국 임시의정원과 상하이 임시정부의 창설에 참여하였으며 독립 후 제1~3대 국회의원을 지냈다.

7-20 소파 방정환(1899-1931)

일제강점기의 독립운동가, 아동 문화운동가, 어린이 교육인, 사회운동가로 1917년에 문화 독립운동 비밀결사인 '경성청년구락부'를 조직하였고, 3.1운동 때에는 조선독립신문을 비밀리에 출판하여 배포하다 일본 경찰에 체포되어 일주일간 고문을 당하였다. '어린이'라는 용어를 처음 만들고, 최초의 어린이날을 만든 주인공이다.

7-21 이육사(1904-1944)

일제강점기 동안 의열단 등에서 항일무장투쟁을 전개한 저항 시인. 그의 본명은 이원록이었으며, 1927년 장진홍의 조선은행 대구지점 폭파사건에 연루되어 대구형무소에 수감, 수인번호 '264'에서 '육사'라는 호를 정하였다. 1929년 광주학생운동, 1930년 대구격문 사건에 연루되어 옥고를 치르다 1944년 1월 베이징 감옥에서 순국하였다.

추억의 인물로 발행된 이육사 기념우표 실체 봉투

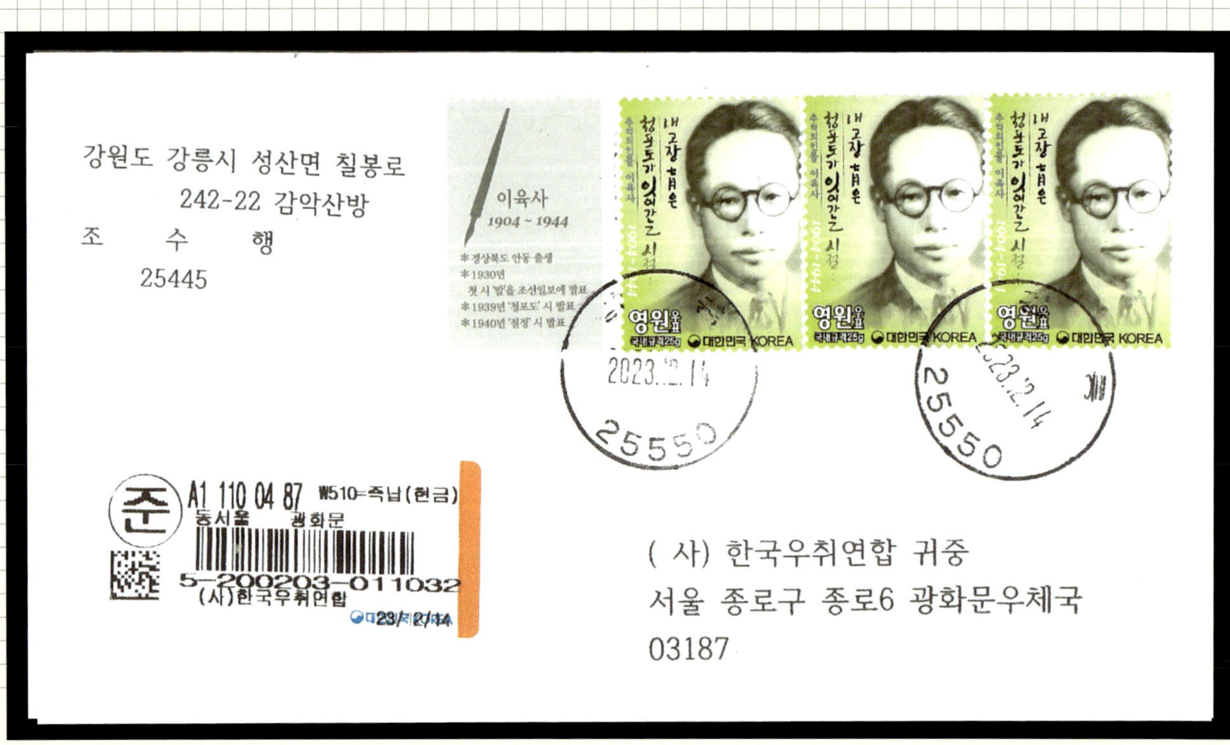

7-22-1 안경신(1888- 미상)

3.1운동이 일어나자 "대한 애국부인회"를 조직하고 상하이로 망명해 대한민국 임시정부와 교섭하는 등 항일운동을 펼쳤다.

7-22-2 박차정 (1910-1944) : 항일 여성운동 단체인 '근우회'에서 활동하다 1930년 중국 베이징으로 건너가 무력, 독립운동 단체인 '의열단'에서 활약했으며, '조선의용대 부녀복무단'을 조직해 후방 공작 활동을 펼쳤다.

7-22-3 김마리아(1892- 1944)

여성 항일운동을 위해 대한애국부인회를 조직하고 상하이로 망명해 대한민국 애국부인회 회장을 지냈으며 미국으로 건너가 12928년에 근화회를 조직해 한인의 애국사상을 일깨우고 서방 국가에 일제의 만행을 알렸다.

7-22-4 권기옥 (1901-1988) :

일제강점기에 활동한 독립운동가로, 1925년 중화민국 윈난 육군강무학교를 졸업하여 한국 최초의 여성 비행사가 되었으며 대한민국 최초의 여성 출판인이기도 하다.

8. 대한독립에 헌신한 외국인

8-1 Homer Bezalel Hulbert 1863-1949)

미국의 선교사, 사학자, 언어학자, 언론인으로 YMCA 초대 회장. 한국어 연구와 보급에 앞장선 학자로 고종을 도와 대한제국 국권 수호와 독립운동을 지원한 독립운동가.

(발행일에 우표를 맥시멈 카드에 붙여 날인)

8-2 Emest Tomas Bethell(1872-1909)

영국 출신의 언론인으로 1904년부터 1909년까지 일본 침략을 비판하는 보도를 통해 한국독립을 지지하였으며 양기탁과 함께 대한일보를 창간, 한국 독립운동에 큰 영향을 끼쳤다.

(우표 발행일 준등기 실체 우편물)

8-3 Frank W. Schofield (1889-1970)

영국 출신의 캐나다 수의사이자 개신교 선교사로, 일제강점기에 일본 경찰과 군인들의 만행을 사진으로 찍어 언론에 기고하는 등 한국 독립운동에 기여한 인물로 1970년 사망, 국립묘지에 매장되어 외국인으로는 첫 사례이다.

(우표 발행 초일에 캐나다로 발송하였으나 반송되어 온 우편물)

8-4 George Lewis Shaw (1880-1943)

아일랜드계와 일본계의 혼혈인 영국 기업인으로 일제강점기에 있었던 조선인의 망명 계획과 한국의 독립운동을 지원한 공로로 1963년에 대한민국 정부로부터 건국훈장 독립장이 추서된 외국인 독립운동가.

(우표 발행일 북아일랜드 연합왕국(United Kingdom)으로 발송하였으나 반송되어 온 우편물)

9 독립 유적지와 독립기념관

9-1 이준 열사 기념관

네덜란드 헤이그에 위치, 대한제국 고종황제의 밀사로 만국평화회의에 파견된 이준이 일본과 영국의 방해로 뜻을 이루지 못하고 병사한 곳을 기념하여 1995년 8월 5일 개장하였다.

헤이그 100주년 기념 초일 봉투

구미에서 선편으로 발송하였으나 일본 NARITA CHIBA에서 반송되어 온 우편

9-2 안중근 의사 기념관(국내)

안중근 의사 기념관은 서울특별시 남대문로 5가 471번지에 위치하며 이 기념관은 안중근 의사 숭모회에서 관리하며 안중근 의사의 정신과 뜻을 추모하고 기념하기 위하여 1971년에 설립되었다.

안중근 의사 기념관 엽서

한국의 뮤지컬 우표 영웅을 첨부하여 일본으로 발송되었으나 반송된 실체

9-2 안중근 의사 기념관(해외)

중국 하얼빈에 있는 기념관으로 1909년 당시 하얼빈 구 역사 자리에 고스란히 자리하고 있다. 안중근 의사의 위대하고 숭고한 희생정신을 기리기 위해 하얼빈역 귀빈용 대합실의 일부를 개조하여 건립되었다.

맥시멈 카드와 안중근 의사 기념관의 기념인

해외 독립유적지 우표 날인 일본으로 선편 발송된 우편물이 반송되었음

9-3 안창호 기념관(국내)

서울 강남구 논현동에 대지면적 29816㎡, 연건평 988㎡로 지상 1층 지하 2층의 기념관이 있다. 여기에는 수형자기록카드, 일기 및 각종 서한과 전보 50여 점 등 약 160점의 자료를 전시하고 있으며 도산 선생의 생애와 어록, 연보 등을 볼 수 있다.

멕시멈 카드에 기념 안창호 기념관 기념인 날인

9-3 안창호 기념관(해외)

도산 안창호 해외 기념관은 2023년 미국 캘리포니아주 리버사이드시에서 건립 부지 39,669㎡ 를 제공하여 2029년 완공을 목표로 하고 있다. 아래 기념관 우표는 로스엔젤레스 대한인국민회 총회관을 기념관으로 제시한 것임

일본으로 선편 접수된 우편물이 기간 경과로 반송

9-4 윤봉길 기념관

중국 상해에 위치한 홍구공원(현재는 루신공원) 내에는 윤봉길 의사의 의거를 기리기 위한 매헌 윤봉길 기념관은 2층 규모로 1층에는 윤봉길 의사 흉상,생전 사진,의거 때 사용했던 폭탄 복제품, 유품 등이 전시되고 있으며 국내 기념관은 충남 예산에 면적 147.902 로 영정을 모신 사당과 기념관 어록탑 등이 있으며 유품27종 51점이 전시되어 있다

해외 독립유적지 우표와 윤봉길 의사 탄신 100주년 기념우표를 첩부하여 선편 접수 일본국에 보냈으나 NARITA 와 NOMACHI 우체국에서 반송 되었다.

9-5 만해 한용운 기념관

만해 한용운 기념관은 님헌신성에 대지 1789㎡ 연건평 396㎡ (지상 2층) 규모로 상설종합전시실 기획전시실 교육관 체험학습실 등의 전시관과 야외 조각공원으로 꾸며져 있다.

강원도 인제군 백담사 내에 신흥사 조오현 큰스님의 발원으로 1977.11.9일 개관한 기념관에는 선생의 유묵과 시집 '님의 침묵' 초간본, 각종 판본, 1962년 수여된 대한민국 건국공로훈장 대한민국장, 한용운 연구논문 등이 전시되어 있다

백담사와 한용운 기념인

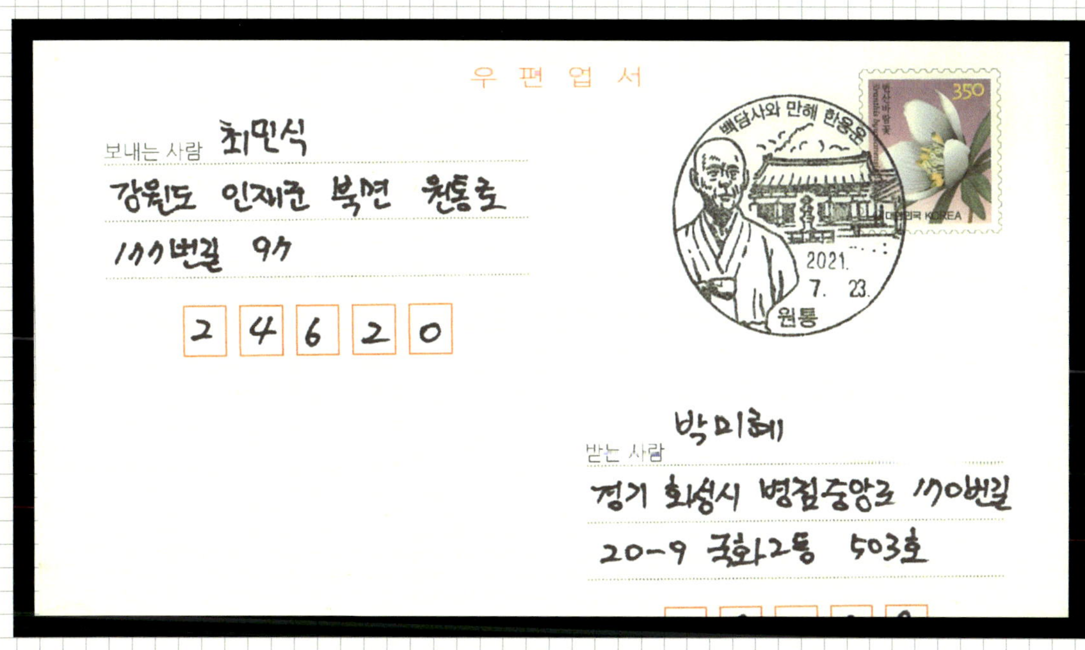

충청남도 홍성군 결성면 소재 만해 한용운 생가 기념인

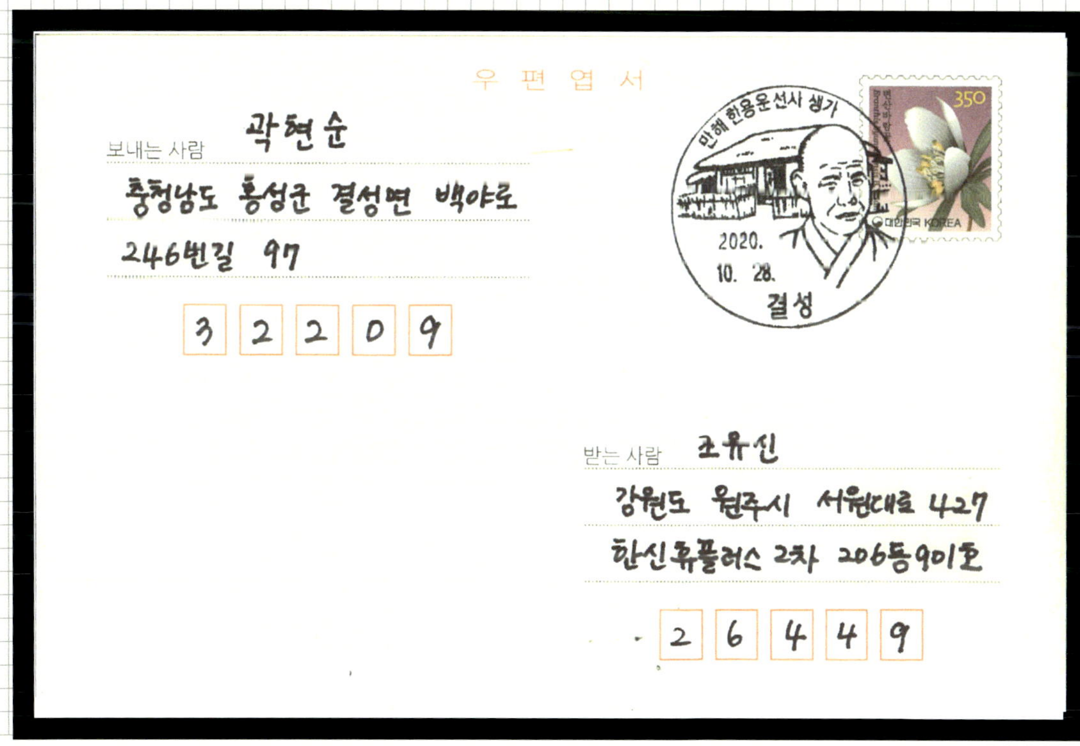

9-6 백범 기념관

백범 김구 선생의 독립정신을 기리기 위하여 서울 용산구 임정로 26에 2002년 10월 22일 개관하였으며 이곳에는 김구 선생의 구국운동, 임시정부의 자료와 유물 등이 전시되어 있다.

백범 기념 일부인 날인 맥시멈 카드

9-7 석오 이동령 기념관

충남 천안시 목천읍 동리4길에 위치하며 2010년 2월 23일 개관하였다. 기념관 내부은 이동령 선생의 흉상과 뒷면에 대의(大儀) 휘호 기념비와 대형 태극기가 걸려 있고 이동령 선생의 삶과 사상, 연보, 가계도, 일러스트, 만화 등으로 전시하고 있다.

석오 이동령 기념 일부인 날인 준 등기 실체 봉투

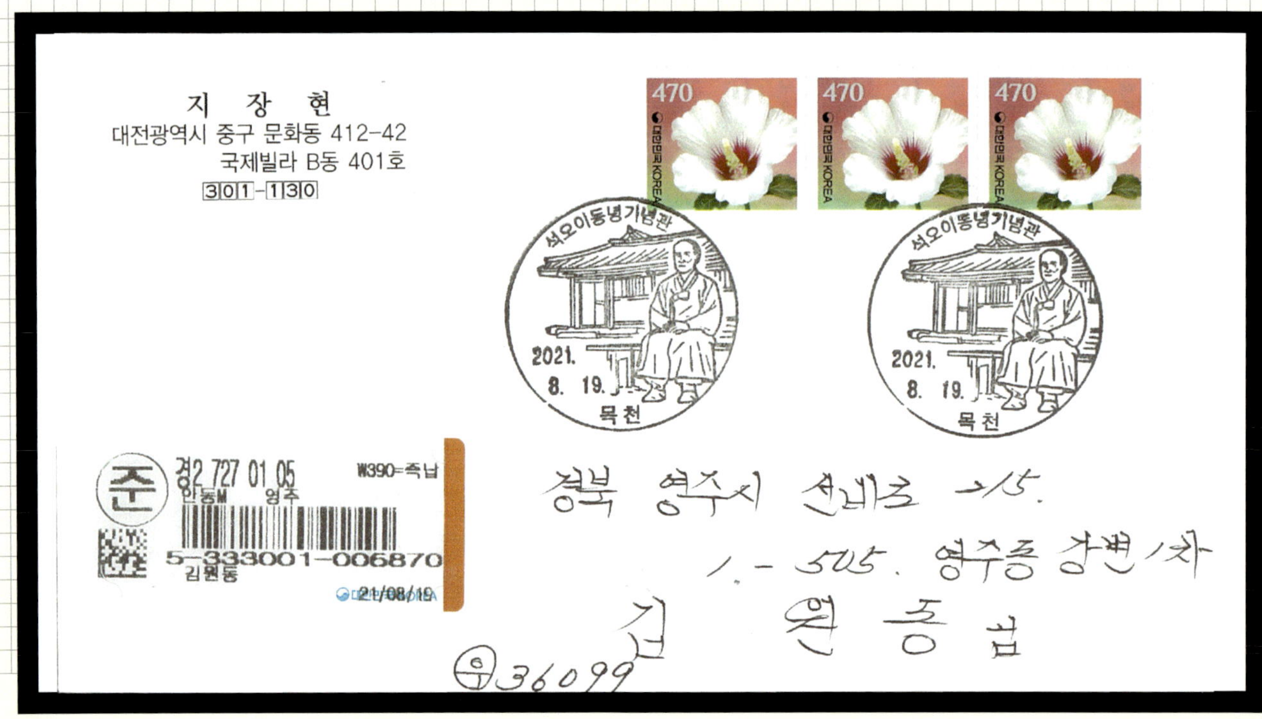

9-8 의암 손병희 선생 기념관

천도교 3세 교주이며 3.1 운동 때 민족대표 33인 가운데 한 분인 의암 손병휘 선생님을 기리기 위해 2000년에 청주시 북이면에 건립하였으며 기념관 내부에는 청주지역의 항일운동과 3.1 운동 역사를 알 수 있는 그림 사진 문서 모형 영상 자료들이 전시되어 있다.

영원 우표에 멕시멉 카드에 손병희 기념인 날인

9-9 제암리 3.1운동 순국 기념관

경기도 화성시 향남읍에 위치하며 1919년에 일어난 3.1운동과 일제에 의한 제암리 교회 고주리 학살사건을 기리기 위하여 세워진 이 기념관은 제1 전시관 제2 전시관 순국 기념탑 23인 순국 합동 묘지 프랭크 윌리엄 스코필드 박사 동상으로 이루어져 있다.

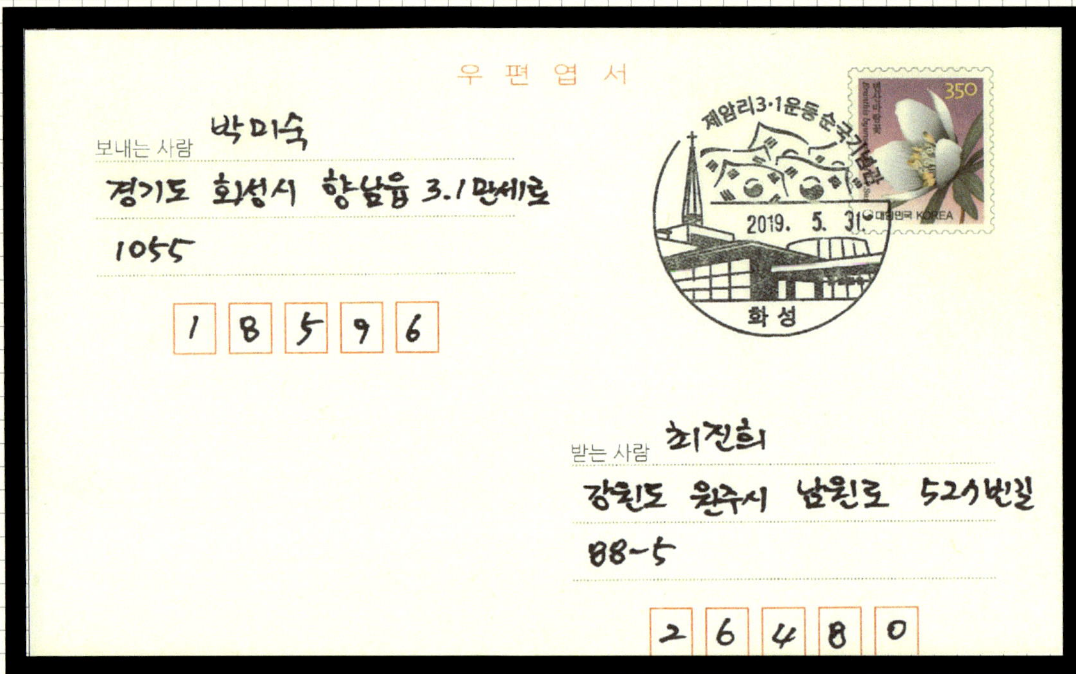

9-10 서대문 형무소 역사관

1998년 11월 5일에 개관한 서울 서대문 형무소 역사관은 과거의 역사를 교훈으로 삼고 독립운동가와 민주화 운동가의 자유와 평화를 향한 신념을 기억하고 기념하는 박물관으로 운영되고 있다

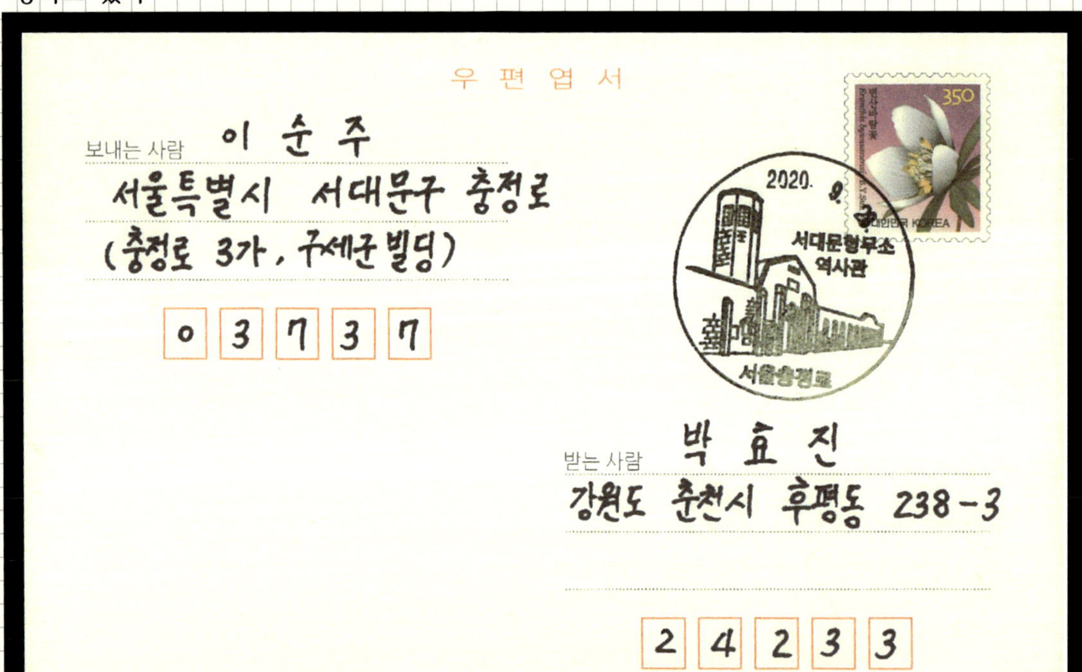

9-11 황어장터 3.1만세운동 기념관

1919년 3월 24일에 일제강점기에 대대적인 만세 운동을 주도했던 황어장터의 역사적 의미를 되살리기 위해 2009년에 인천 계양에 1758㎡ 부지에 건립되었다.

* 2019년 12월 31일 인천계양1동 우체국이 폐국 되어 인천계양우체국에서 새로이 기념인을 제작 사용

9-12 국채보상운동 기념관

일본제국이 대한제국을 경제적으로 예속시키고자 1904년부터 제공한 차관 1,300만 원을 국민이 갚고자 한 운동으로 국권 회복을 위한 투쟁의 하나로 역사적 의의가 크다. 이를 기리고자 2011년 10월에 발생지 대구광역시에 기념관을 설립하였다.

(국채보상운동 100주년 기념 우표와 나주 신촌리고분출토금동관 복첩 등기 실체)

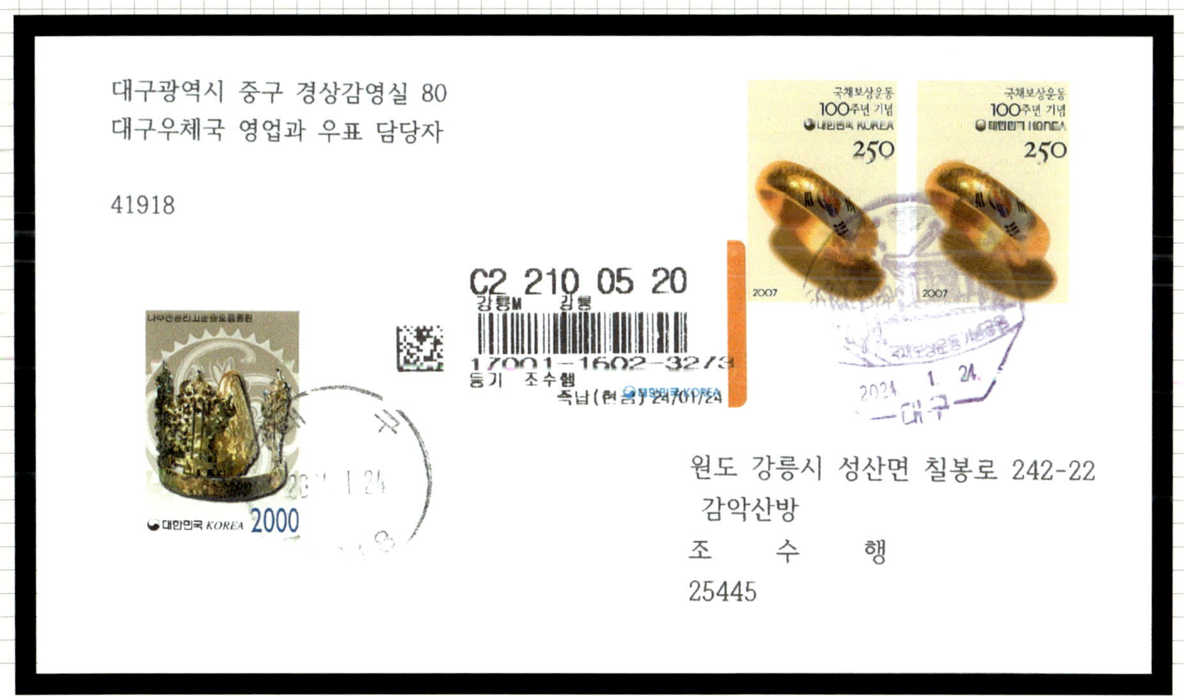

9-13 독립기념관 ①

일제의 역사 교과서 왜곡에 대응하고 우리나라의 독립운동 역사를 정확하게 이해하며 올바른 국가관을 정립하고자 충청남도 천안시 동남구 목천읍에 부지 약 37000㎡에 지하 1층 지상 1층 연 면적 5310㎡ 로 1987년 8월 15일 준공하였다.

독립기념관 개관 30주년 기념 우표 준등기 실체

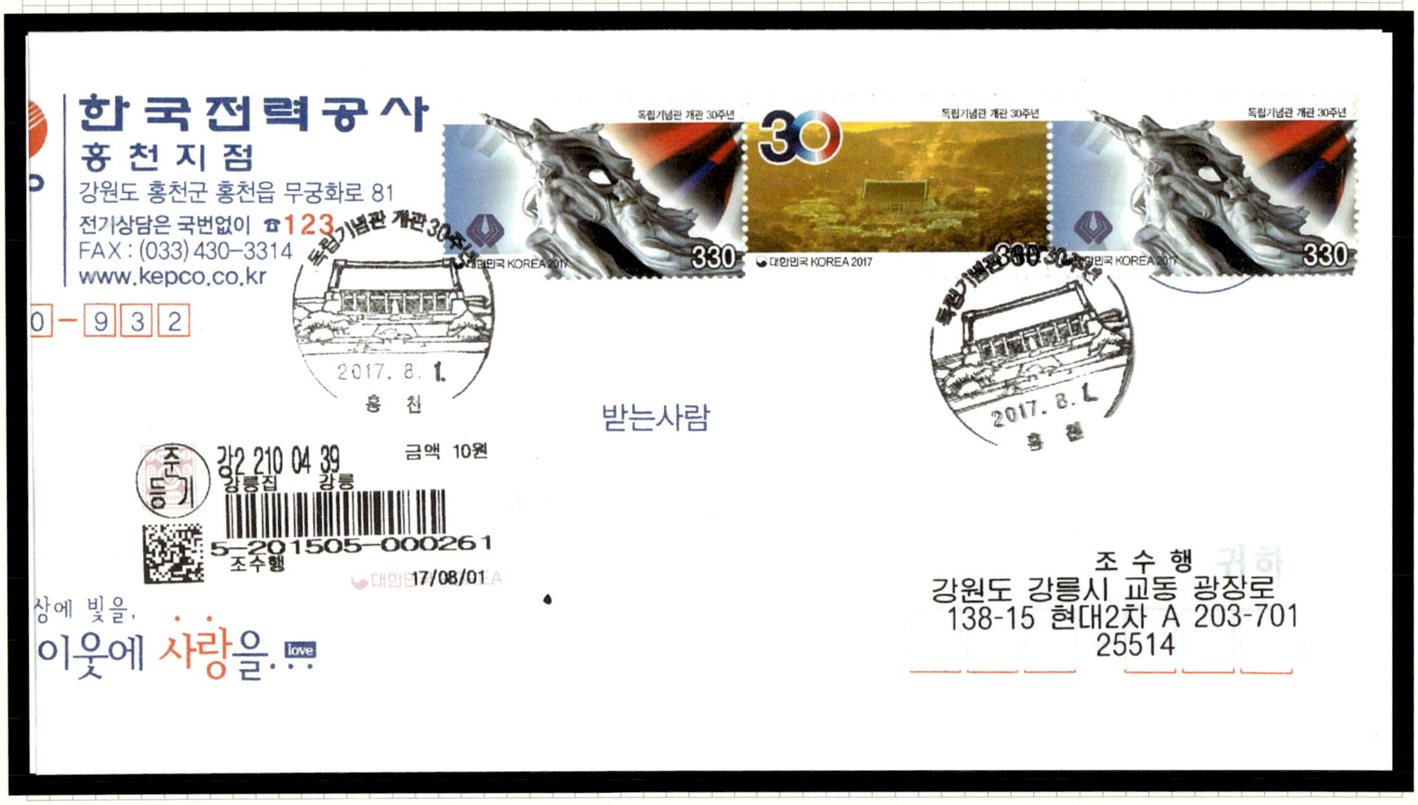

9-13 독립기념관 ②

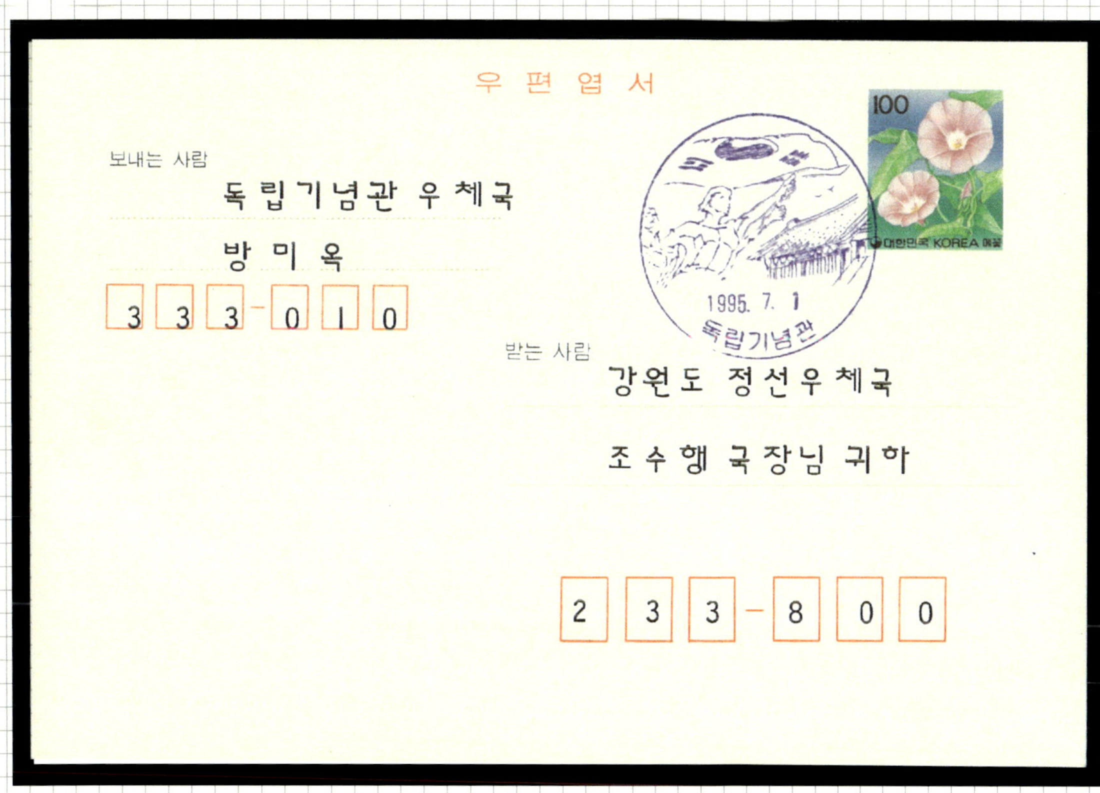

독립기념관 기념인

독립기념관 20주년 기념인

9-14 독립문

독립문은 조선과 대한제국의 독립을 기념하기 위해 1896년부터 1998년 사이에 영은문 주초 부근에 서재필과 독립협회의 주도로 프랑스 파리의 개선문을 본떠 세워진 건축물로 1963년에 사적 제32호로 지정되었다

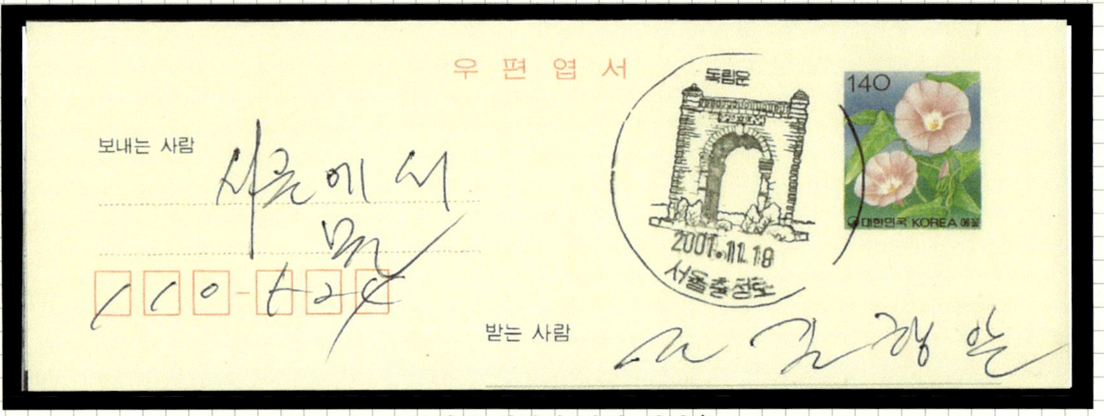

독립문 기념인 날인 엽서⬍

10 일본의 식민지 정책

10-1 신사 참배 강요

신사는 일본의 고유 민간 종교인 신도의 사원으로 메이지 유신 이후 국민 통합을 위해 전국에 신사를 세우고 이 신도를 천황제 국가의 기본 정신으로 삼았다. 일제는 내선일체와 황민화를 위하여 우리 국민에게 신사 참배를 강요하였다 이에 반대한 숭실 숭의 등 일부 학교가 폐쇄 되었으며 심지어 교회에까지 신사 참배를 강요하였다. 신사 참배를 반대하는 200여 교회가 폐쇄하고, 2,000여 명을 투옥, 30여 명이 옥중에서 순교하였다. 이러한 신사 참배 반대 운동은 개인의 신앙과 교회의 순수성을 지키기 위한 투쟁이었으며, 동시에 민족 독립운동의 성격을 지닌 것이었다.

천황을 제신으로 하는 조선 신사를 1919년 남산에 세웠다.(본 엽서는 경성명소 사진엽서)

⬅ 본 엽서는 관광통신일부 인이 날인된 관제엽서

10-2 창씨개명과 한국어 말살 정책

일제강점기(1910-1945) 동안 일본은 한국에 대한 식민지 정책을 통해 우리 말과 글을 억제하고 민족 문화유산 파괴를 주저하지 않았다. 특히 1939년 조선총독부령 221호로 조선인의 이름을 일본식으로 바꾸도록 강요하였다.

10-2-1 세종대왕과 훈민정음

세종대왕(1418-1450)은 조선의 4대 왕으로 집현전을 설치하여 많은 인재를 양성하였고 농업 과학기술의 발전, 의학 기술과 음악 및 법제의 정리 공법의 제정 국토의 확장 등 수많은 업적을 남긴 역사의 빛나는 왕으로 평가받고 있으며 훈민정음 창제(1443년)는 가장 빛나는 업적이다.

'아름다운 우리말', 2023.11.17 우표발행

세계유산등록, 훈민정음과 세종대왕 기념 우표를 능서우체국 기념인을 날인 한 등기 우편

10-2-2 한글 반포와 주시경

1946년 세종대왕은 훈민정음을 반포하였다. 그러나 "한글"이라는 이름을 붙인 사람은 바로 주시경 선생이다. 선생은 조선 말 개화기에 한국어와 한글을 과학적으로 연구한 국문학자 언어학자로 전문적인 이론 연구를 통해 한글 표준화를 추진하였고 후진양성과 더불어 민족자주 차원에서 한글 보급 운동을 펼치면 한글의 대중화와 근대화에 노력한 개척자이다.

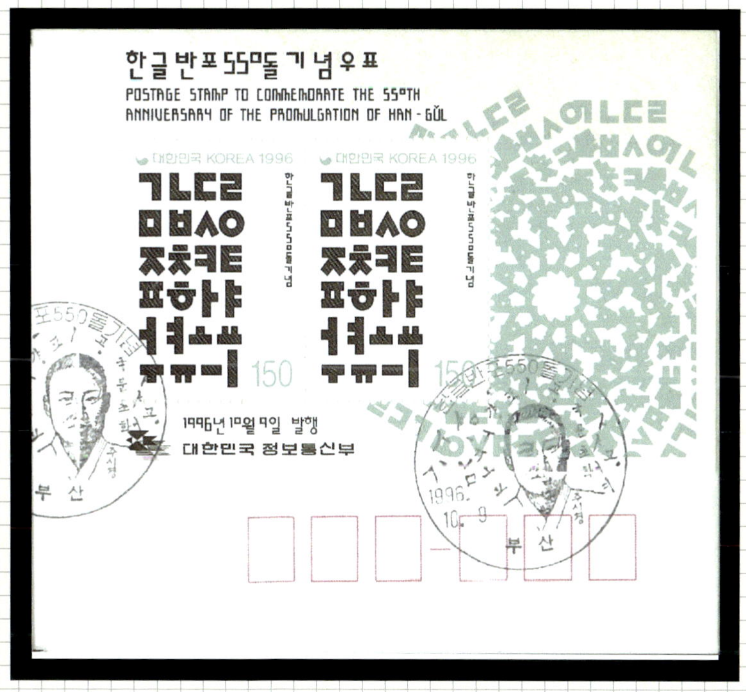

(북한 발행)

10-2-3 한글날 공휴일 지정

한글날은 1949년 처음 공휴일로 지정되었으나 1991년 법정공휴일이 10월에 집중되어 있어 경제 및 사회 활동의 효율성이 떨어진다는 이유로 폐지되었다가 2012년 12월 24일 공휴일로 재지정되어 우리 민족의 자랑스러운 한글의 우수성과 문화적 가치를 함양하고 국내외적으로 위상을 제고하는 계기가 되었다

한글날 공휴일 재지정 기념엽서➔

10-2-4 한글학회

한글학회는 한글과 한국어를 연구하는 민간 학술 단체로 1908년 "국어연구학회"라는 이름으로 창립되었으며 여러 차례 학회 명칭이 변경되었다가 1949년에 이르러 한글학회라는 이름을 가지게 되었다. 일제강점기 동안 일제는 한글학회 회원들을 강제로 연행하고 학회를 해산시키기도 하였으나 회원들의 끊임없는 노력으로 오늘날 한글이 세계적인 언어가 되었다.

한글학회 창립 50돌 기념 우표와 창립 60돌과 100돌 기념 우표 초일 봉투

조선총독부는 언론의 자유를 제한하고 일본의 이익과 정치적 목적을 위해 언론을 이용하였을 뿐만 아니라 강제로 합병시키거나 해산하는 등의 방법으로 언론을 철저하게 탄압하였다

독립신문 창간 100주년 기념 일부인

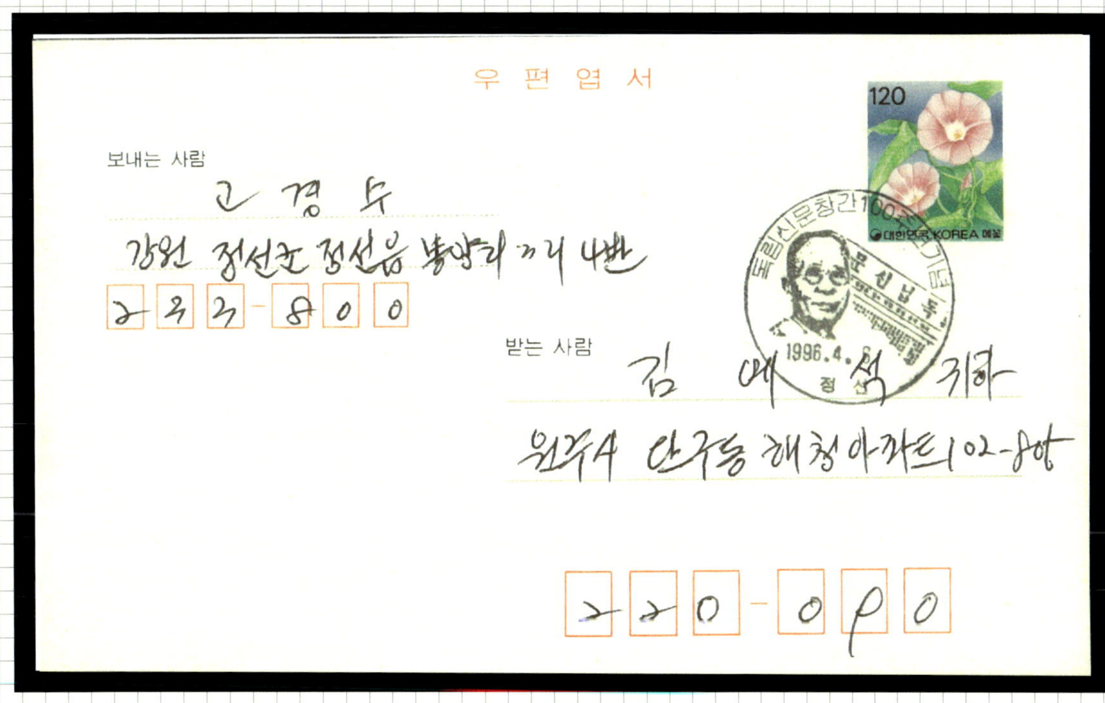

10-3-1 독립신문

1896년 4월 7일에 한국에서 발간된 최초의 민간 신문, 한글과 영문판 신문으로 서재필을 중심으로 독립협회 기관지였으나 독립협회가 1898년 고종의 만민공동회 금지령과 함께 해산됨으로 폐간되었다

독립신문 창간 100주년 기념 우표 초일 봉투

10-3-2 조선일보

우리나라 최대 일간지 중의 하나로 1920년 3월 5일에 창간되었다. 일제강점기에는 검열, 정간 등 조치를 이용하여 친일 언론화 시키려고 하였지만 조선일보는 이에 굴하지 않고 조선 민족의 정신을 고양하고 사기를 높이려 애써오다 1940년 폐간당하였다 그 후 5년 지난 1945년 11월 23일에 복간되었다.

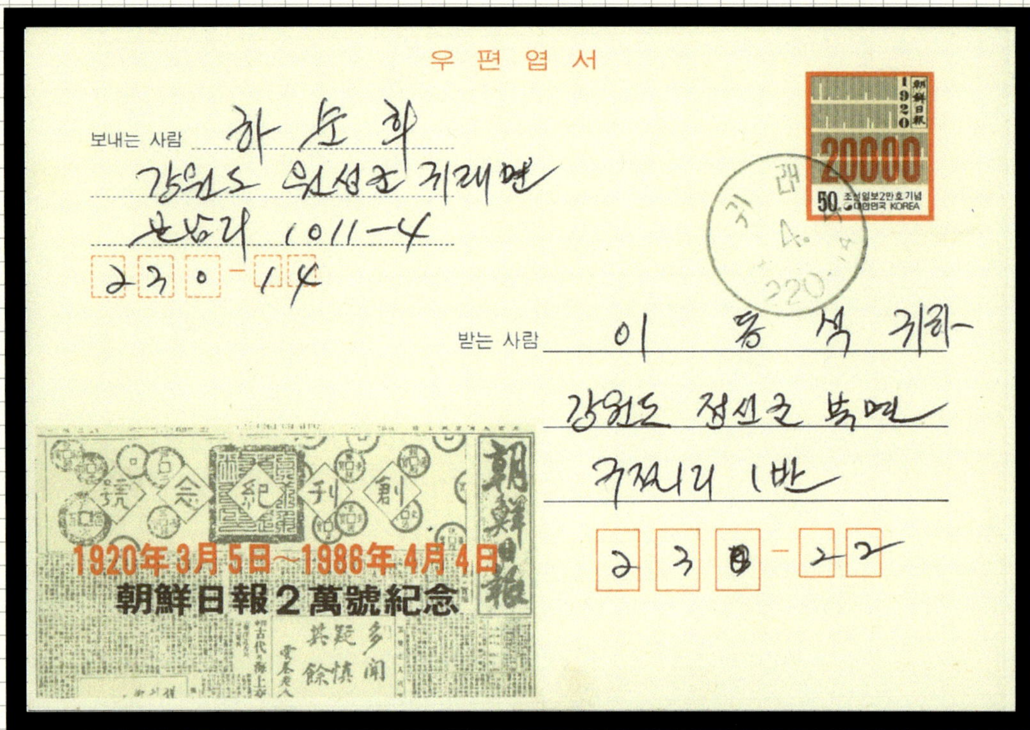

조선일보 2만 호 달성 기념과 창간 80주년 기념엽서 초일 실체

10-3-3 동아일보

동아일보는 김성수, 박영효, 김홍조, 장덕준 등이 중심이 되어 1920년 4월 1일에 창간되었다. 창간 당시 동아일보는 민족지 면모에 손색없는 제작 태도와 항일적인 논조를 보여왔으나 1930년대 일본 군국주의 시기에 발행된 지면에는 다른 모습이 보이기도 하였다.

동아일보 2만 호 달성 기념엽서

* 인촌 김성수(1891-1955) 언론인 교육인 정치인으로 제2대 부통령으로 재임함

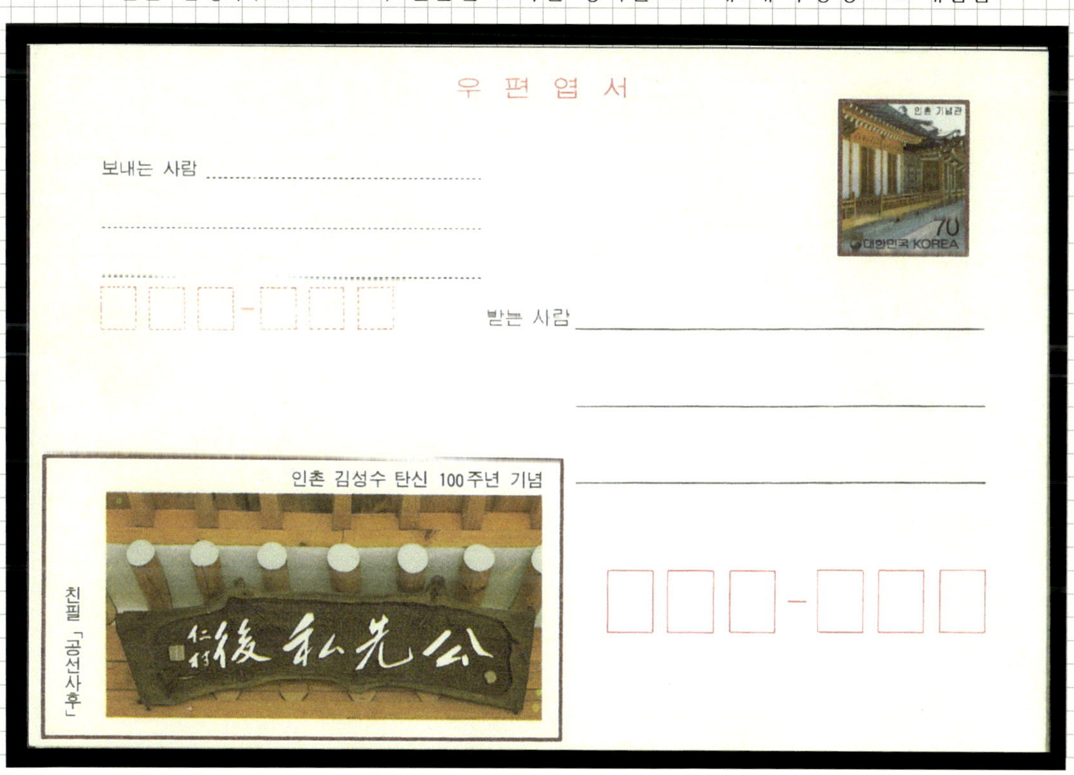

11 대한민국의 독립

11-1 조국의 해방

인류역사상 최초의 원자폭탄이 일본 히로시마와 나가사끼에 투하되어 1945년 8월 15일 천왕이 항복 방송으로 연합군이 2차 세계대전을 승리로 끝내고 우리는 해방을 맞았다.

1905년 4월 1일 한일통신협동조약 체결로 우리의 우편 업무가 일본에 통제된 후 우리 우표 대신 일본 우표를 사용하였다. 1945년 광복으로 우리 우표를 사용할 수 있게 되었으나 사전 준비를 못해 일본 우표에 한글과 액면을 가쇄하여 사용하다 1946년 해방조선 우표가 발행되어 그해 5월 1일부터 사용이 금지되었다.

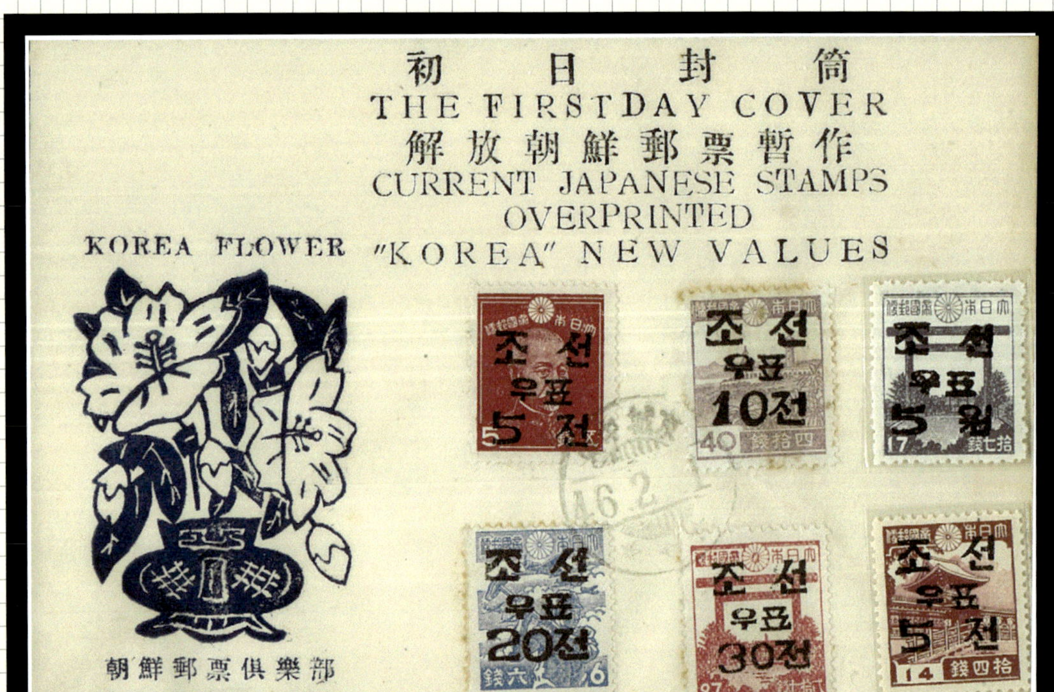

11-1 조국의 해방 (1946년 7월 4일 해방기념 외체)

후면 복사본 ↓

재 조선 미육군사령부(USAMGIK)에서 미국으로 발송한 실체 초일

11-2 제1회 총선거

3여 년의 미 군정기를 거친 대한민국은 유엔의 결의에 따라 1948년 5월 10일 보통 평등 비밀 직접 선거 원칙에 입각한 자유 민주 선거로 38선 이남에서만 실시되었다.

(제1회 총선거 기념 우표)

11-3 국회 개원

1948년 5월 10일에 실시한 총선으로 선출된 국회의원들이 1948년 5월 31일에 개원하였다.

(1948년 7월 1일 발행 초대 국회 개원 기념 우표 초일)

11-4 헌법 공포

국가의 정체성과 기본이념을 확립하고 민주주의와 국민주권 인권법과 법치를 바탕으로 한 헌법을 1948년 7월 17일 제정 공포하였다.

1948년 8월 4일 발행한 헌법 공포 기념 일부인 초일

11-5 대한민국 정부 수립

제헌 국회에서 국회의원 180명 의원 중에서 180표를 획득하여 당선된 초대 대통령이 1948년 7월 24일 공식 취임하면서 대한민국은 독립 국가로 국제적으로 인정 받게 되었다.

정부 수립 기념 우표

이승만 초대 대통령 취임 기념 초일

11-5 광복절 ①

광복 10주년 기념 우표와 증정용 시이트

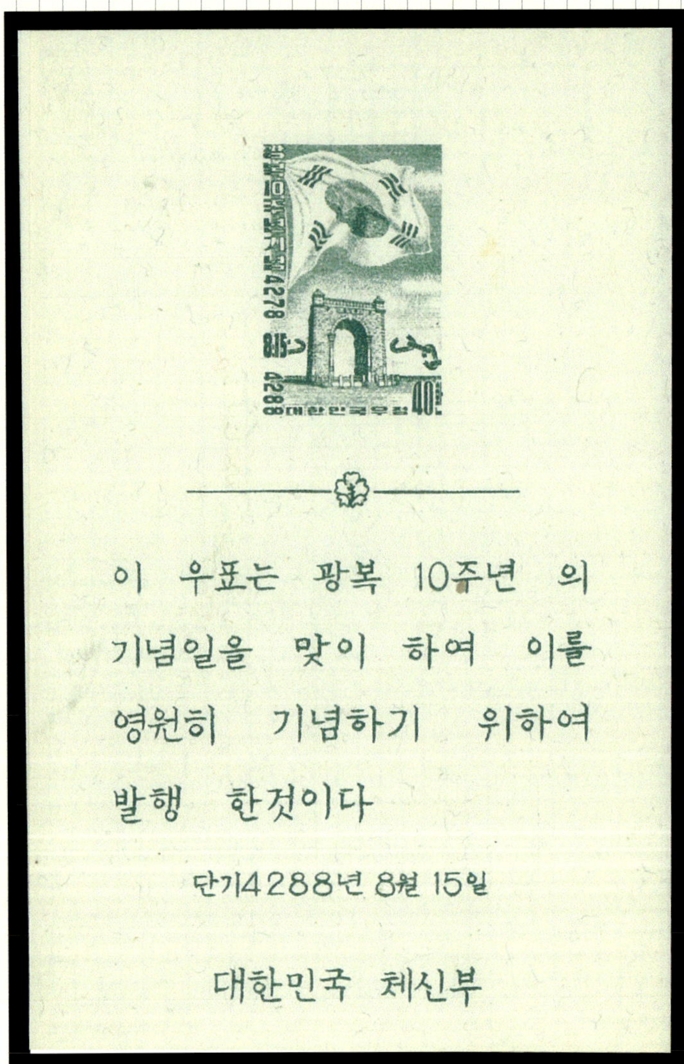

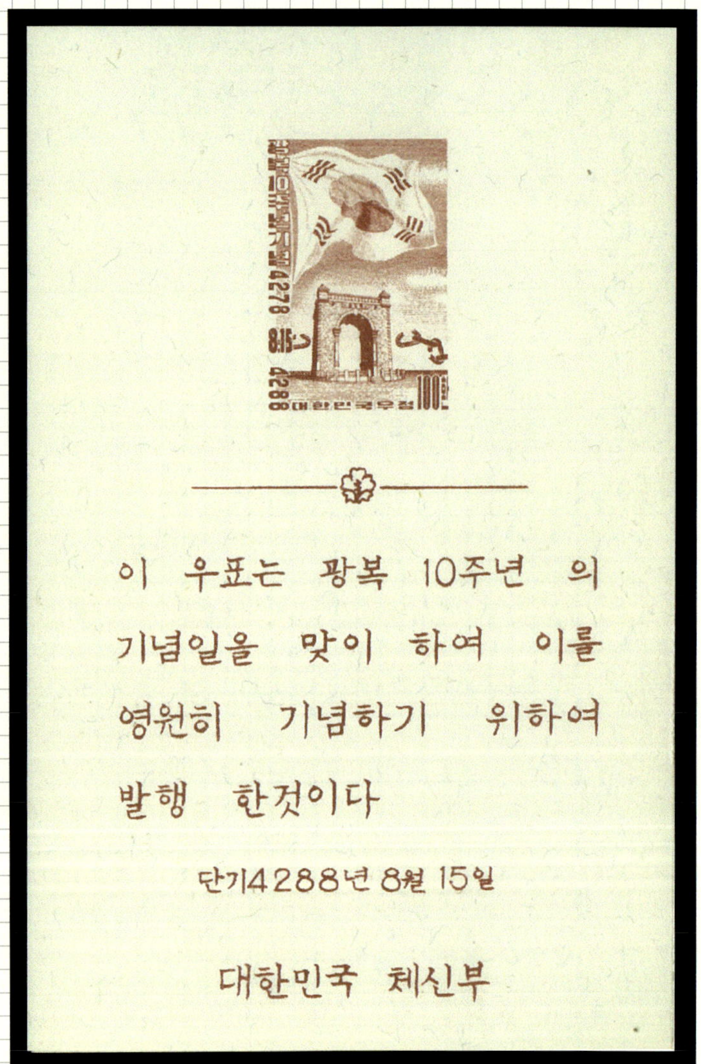

11-5 광복절 ②

광복 제16주년 기념 시이트

광복 제15 주년 기념 초일 봉투

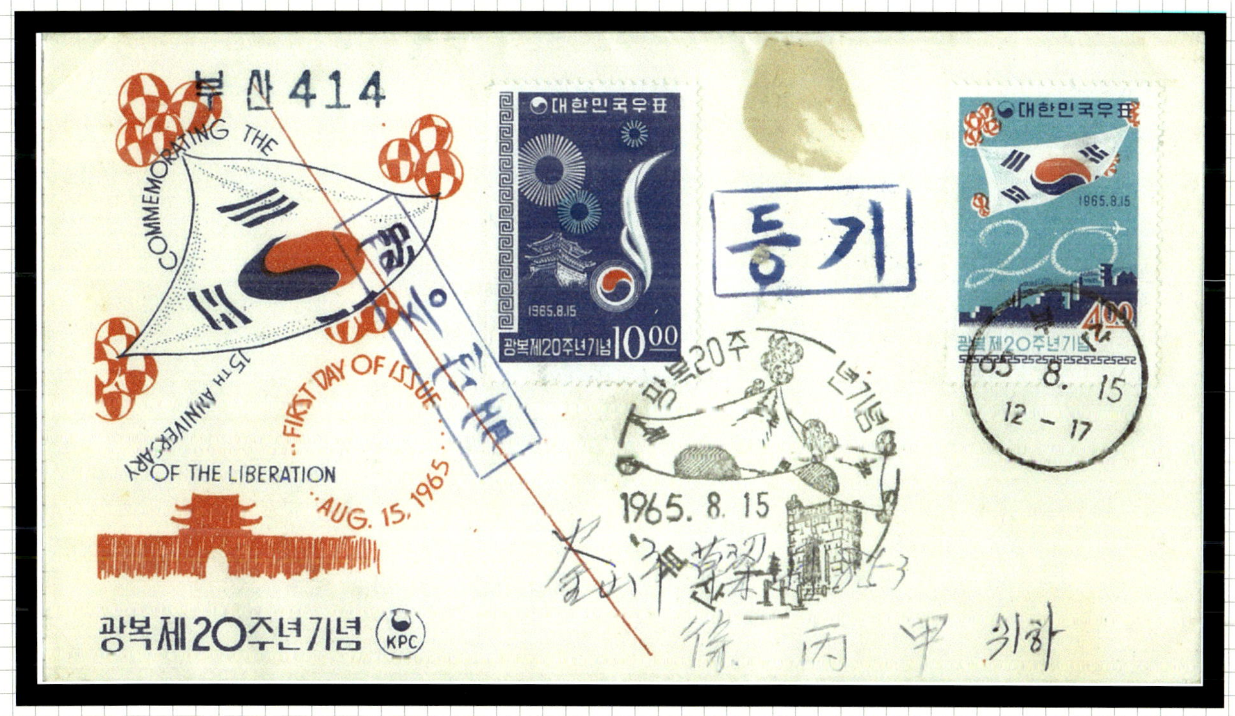

광복 제20 주년 기념 초일 봉투

11-6 광복절 ③

광복 36주년

광복 40주년

광복 30주년 기념 초일 봉투

광복 50주년 기념 우표와 시이트

11-6 광복절 ④

광복 50주년 기념 우편 엽서 실체 (빠른 우편으로 접수)

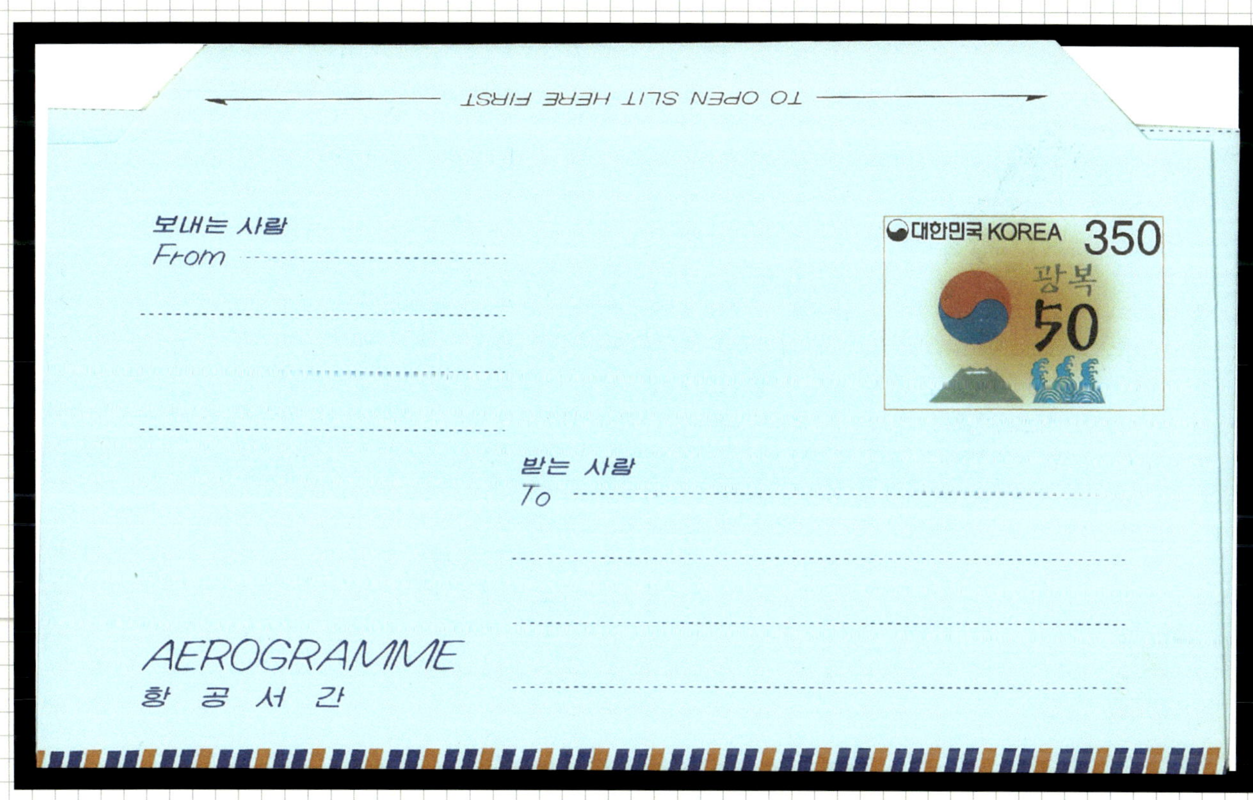

광복 50주년 항공서간

11-6 광복절 ⑤

광복 60주년 기념 우표 4종

광복 70주년 영원 기념 우표

광복 80주년 기념 우표 등기 실체

11-6 광복절 ⑥ (북한에서 발행한 광복절 기념)

4주년

5주년

7주년

8주년

9주년

10주년

1주년 ➔

제1주년 기념에는 김일성 얼굴에 태극기를 그려 넣고 국화인 무궁화도 들어가 있다.

50주년

40주년

2002 한일월드컵

2002년월드컵축구대회유치기념
POSTAGE STAMP TO COMMEMORATE
THE HOSTING OF THE 2002 FIFA WORLD CUP
2002
World Cup Korea
KOREA
대한민국 KOREA 1996
400
1996. 8. 1
서울중앙
96. 8. -1
FIRST DAY OF ISSUE
1996. 8. 1
2002년 월드컵축구대회
유치기념
대한민국 정보통신부

2002
World Cup Korea
FIRST DAY OF
ISSUE
2002년월드컵축구대회유치기념
POSTAGE STAMP TO COMMEMORATE
THE HOSTING OF THE 2002 FIFA WORLD CUP
World Cup Korea
1996. 8. 1
서울중앙
대한민국
KOREA
1996
400
96. 8. -1
2002년 월드컵축구대회 유치기념
대한민국 정보통신부

목 차

I 축구교실

1-1 축구의 이해

축구는 넓은 운동장에서 정해진 규칙에 따라 손과 팔을 제외한 신체가 부위의 키킹, 트레핑, 드로울링 패싱, 해딩 등의 기술을 가지고 11명의 선수가 조직적으로 상대의 골 안에 넣음으로써 다수 득점하는 팀이 승리하는 경기로 전 세계인의 각광을 받고 있는 경기이다.

운 동 장

축 구 공

축구화와 스타킹

11명 선수

네덜란드 축구 100주년 기념 우표 초일 봉투(66.6.25)

1-2. 공(ball)

가죽 또는 알맞은 재질로 둥근 모양으로 둘레의 길이는 68cm (27인치) 이상 70cm(28인치) 이하로 무게 420g(14온스) 이상 450g(16온스)이고 공기 압력은 해면에서 0.6기압 이상 1.1 이하여야 한다.

98 프랑스 월드컵 시쇄 우표

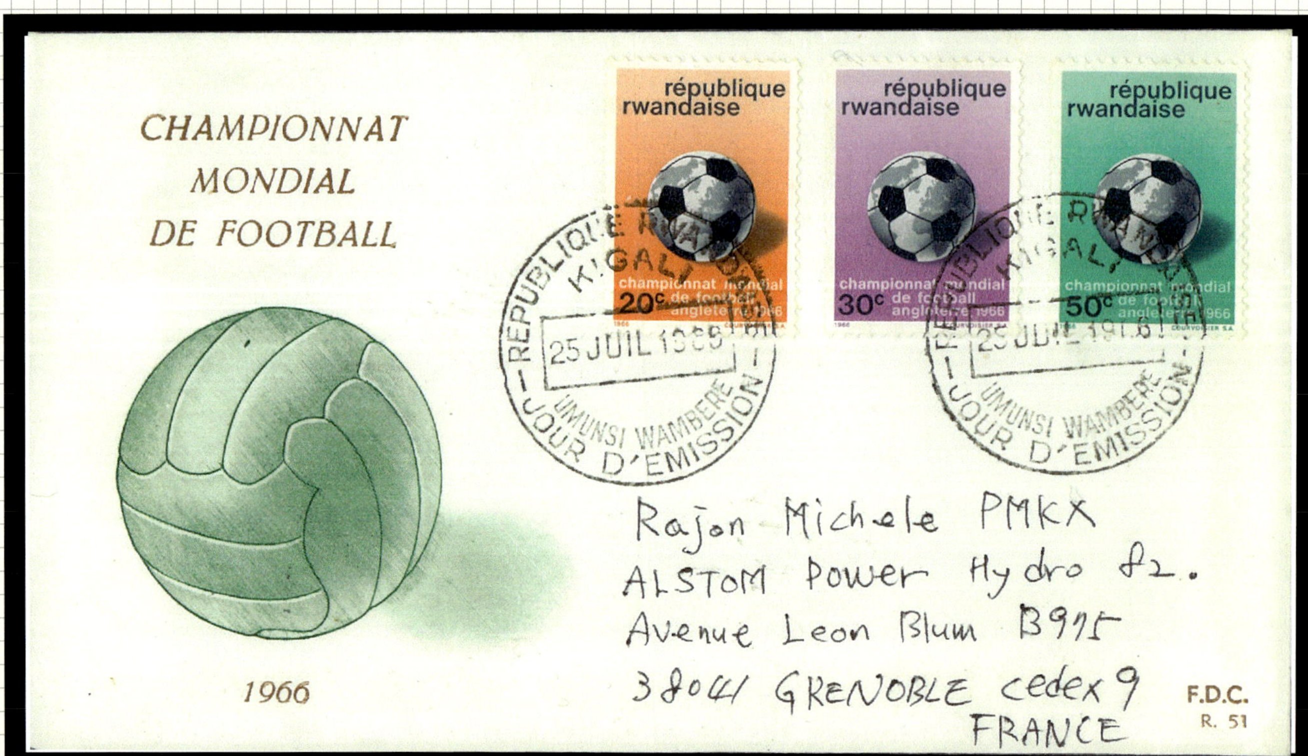

1-3.경기장(field)

경기장 길이는 최소 100m(110야드) 최대 110m(120야드) 넓이는 최소 64m(70야드) 최대 75m(80야드) 이어야 한다.

경기장 전면(全面)

크로스바 7.32m

‖ ←....... → ‖

이탈리아 축구협회 창립 제75주년 기념

← 센터서클

리미링 서클

골에어리어

코너풀랙

(반경 m 1/4 원주)

1966년 헝가리 발행 잉글랜드 월드컵 기념 우표

★ 이 대회에 북한이 참가하여 이탈리아를 1:0으로 이겨 아시아 최초로 8강에 진출하였다.

골포스트 2.44m ↕

골대 후면에 그물망으로 씌운다.

1-4. 관중석(stadium)

관중 없는 경기는 무의미하다. 따라서 관중의 응원과 성원이 경기를 한층 더 가열시키며 축구의 묘미를 살릴 수 있다.

한일 월드컵 맥시멈 카드

열광하는 관중

1990년 이태리 월드컵 시이트

1-5 심판

경기는 1명의 주심과 2명의 부심으로 이루어 1경기를 진행, 주심은 경기를 총 관장하며 옐로, 레드카드 등으로 처벌을 하며 부심은 선수교체를 알리고 볼 선택권을 가리며 주심이 못 본 상황을 체크, 주심에게 알린다.

경기가 시작되기 직전에
주심과 부심 양팀의 주장의
기념 패넌트 교환 장면

1-6. 골 뒤풀이(ceremony)

골을 넣고 감격의 순간

2002 한일월드컵 한국 히딩크 감독의 멋진 어퍼컷 세레모니(Uppercut Celebration)

1-6. 골 뒤풀이(goal ceremony)

골을 넣은 후 그 감격을 행동으로 표현하는 골 세레모니는 기쁨과 감격을 순간적으로 동료 선수와 관중에 전달하는 효과 외에도 미국 솔트레익에서 개최된 동계올림픽의 편파 판정에 억울함을 알리는 제스추어로 상대편(국가)를 야유하는 효과도 거둘 수 있다

야유와 비야냥의 제스추어

II 축구의 기술

2-1 킥(kick)

토우킥(발끝 사용)

스핑킥(휘어차는 것)

오버해드킥(머리 위로 차는 것)

발리킥(공을 멈추지 않고 차는 것)

인스텝킥
(발의 등 사용)

아웃사이드 킷
(발의 바깥쪽 사용)

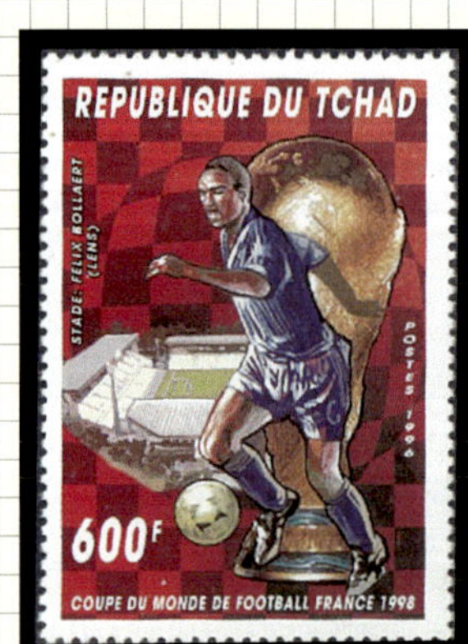

인사이드 킥
발의 안쪽 사용

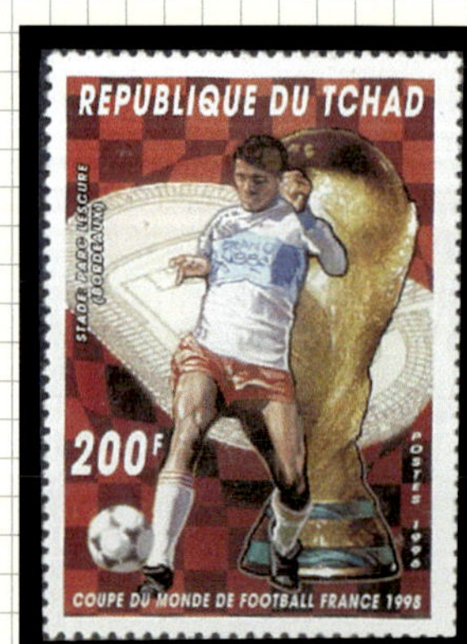

힐 킥
발의 뒤꿈치 사용

2-2. 패스(pass)

쇼트 패스

논스톱 패스

헤딩 패스

롱 패스

사이드 패스

본 우편물은 필란드에서 발행된 축구 우표로 항공우편 접수, 한국에 보내어진 실체 봉투임

2-3. 드리블(dribble)

인사이드 드리블

이웃사이드 드리블

스웨덴 스톡홀름에서 1994년 5.11일 월드컵 기념 우표 초일 실체 봉투

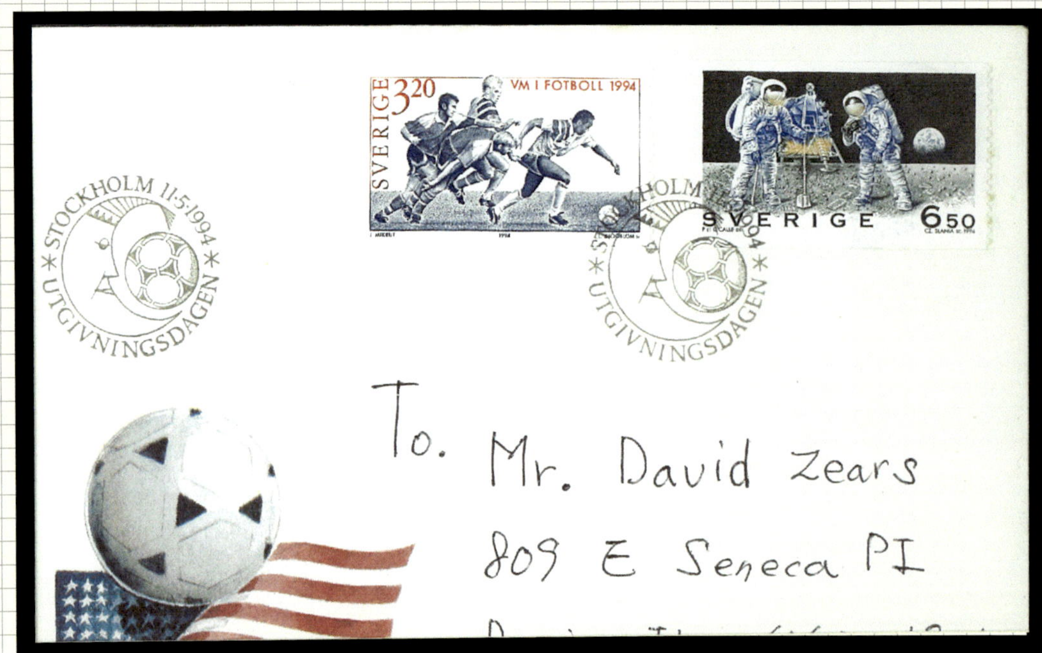

인스텝 드리블

2-4. 컨트롤(control)

발로 볼 트리핑

가슴으로 볼 트리핑

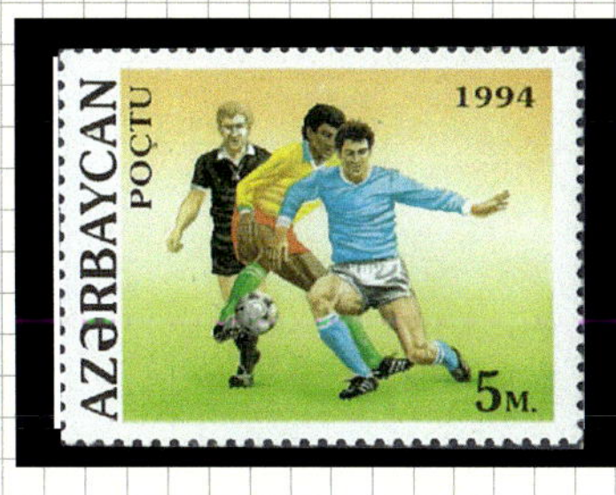

페인팅(상대방을 현혹시켜 따돌리는 기술

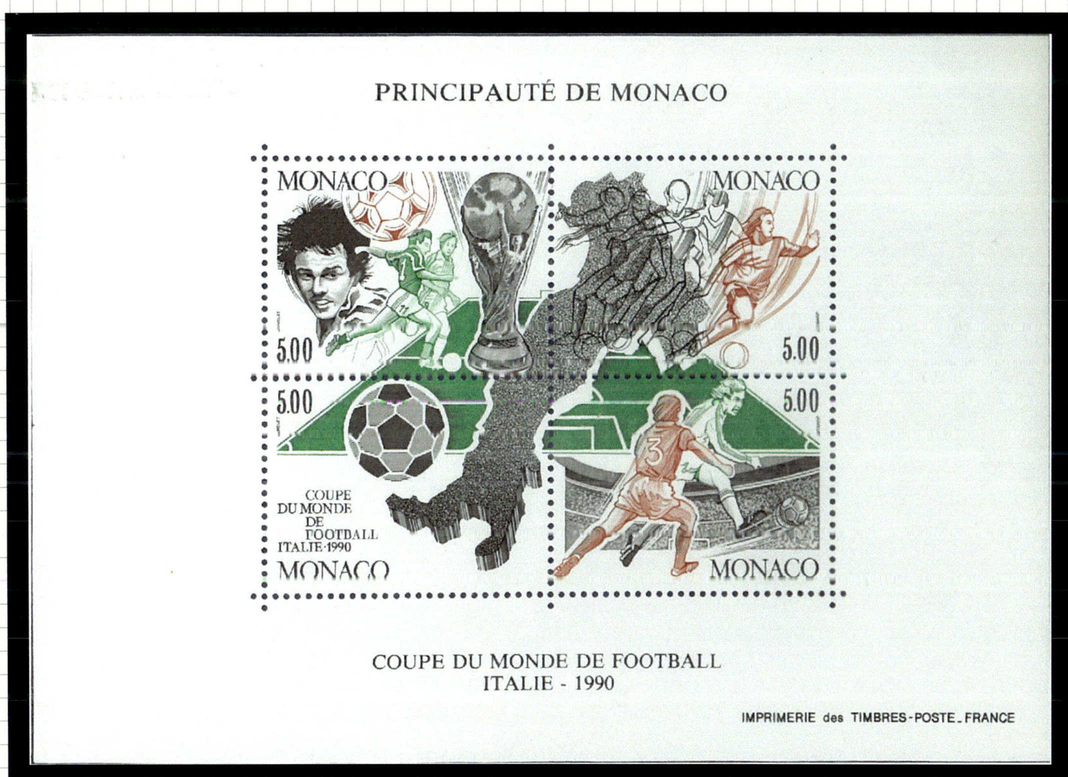

2-5. 헤딩(heading)

슬라이드 헤딩

점프 헤딩

⬆ 백 헤딩

스위스 축구협회 설립 75주년에 발행된 스위스와 이탈리아 친선경기 기념 우표 초일 봉투

2-6. 슈팅(shooting)

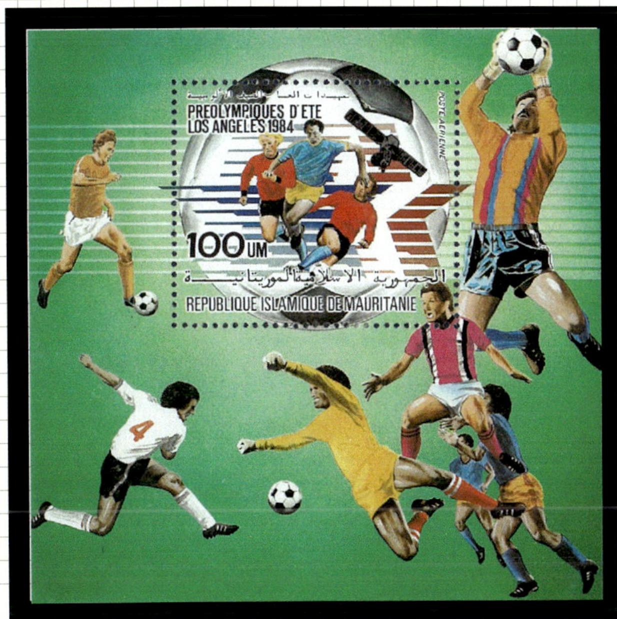

2002 한일월드컵 기념 우표 초일 실체 봉투

2-7. 태클(tackle)

2002 한일 월드컵 기념 우표 등기 접수시각증명 초일 봉투

2-8. 골 키핑(goal keeping)

펀칭(골키퍼가 골 밖으로 공을 쳐 내는 것)

Ⅲ FIFA 월드컵의 역사

3-1 FIFA 월드컵의 탄생 배경

FIFA 월드컵은 20세기 초 올림픽대회에 그 뿌리를 두고 1920년 5월 26일 FIFA에서 독자적인 축구대회 개최계획을 발표함으로써 탄생 되었다. Jules Rimet 회장은 1926년 총회에서 "FIFA 회원국 축구협회가 파견하는 모든 국가대표팀이 참가할 수 있는 제1회 FIFA 월드컵을 개최한다" 는 안을 통과시켜 우루과이에서 1930년 처음 개최되었다.

월드컵 개최 75주년을 기념하여 몰디브(Maldives)에서 발행한 기념 우표

3-1-1 FIFA 트로피의 유래

쥬르메 컵(Jules Rimet Trophy) 프랑스 조각가 Able Lafeur가 순금으로 제작한 이 트로피는 1970년 대회에서 브라질이 3 우승으로 영원히 차지하게 되었다. 이 트로피는 제2차대전 중 침략군을 피해 이태리의 한 가옥에의 침대 밑에 숨겨지기도 했으며 1966년 영국에서 열린 월드컵대회 직전에 일반에 전시되던 중 도난당하기도 했다. 영국 경시청이 찾지 못한 이 트로피를 피클즈라고 부르는 개가 쓰레기통에서 찾아냈다. 그러나 1983년 브라질에서 다시 도둑을 만났는데 찾지 못하고 복제품을 만들어 대신 보관하고 있다.

FIFA월드컵 트로피: 53개나 되는 디자인 중에서 선정된 것으로 1974년 이태리 Silvio Gazazniga가 18캐럿트 순금으로 높이 36 cm 무게가 4790g 으로 제작한 것으로 영구적으로 FIFA의 소유이고 우승팀에게는 복제품을 수여한다.

쥬르메 컵(Jules Rimet Trophy)

월드컵 트로피와 북한 발행 우표

3-1-2 FIFA의 탄생

FIFA는 국제 축구를 총괄하는 최대 스포츠 단체로 월드컵을 비롯한 다양한 국제 대회를 주관하며 축구 규칙과 발전을 이끄는 기관이며 Federation Internationale de Football Association(국제축구연맹)의 약자로 1904년 파리에서 벨기에 프랑스 덴마크 스위스 스웨덴이 모여 창립하였고 본부는 스의스 취리히에 있다.

FIFA의 초대회장은 프랑스의 28세의 로베로 게랭 (Robert Guerin). 현 회원국 수는 211개국이다.

모나코

우루과이 발행 항공우표로 1924년 올림픽 대회와 1930년 FIFA에서
우승을 기념하기 위하여 82년 ESPANA 대회에 기념하여 발행함

아랍 에미레이트

베트남

아르헨티나

3-2 역대 월드컵 대회

3-2-1 제1회

개최 연도	개최국	참가국수	우승국	준우승국
1930	우루과이	13	우루과이	아르헨티나

대회 포스터

FIFA 월드컵 초대 회장 Jules Rimet

Jules Rimet 컵

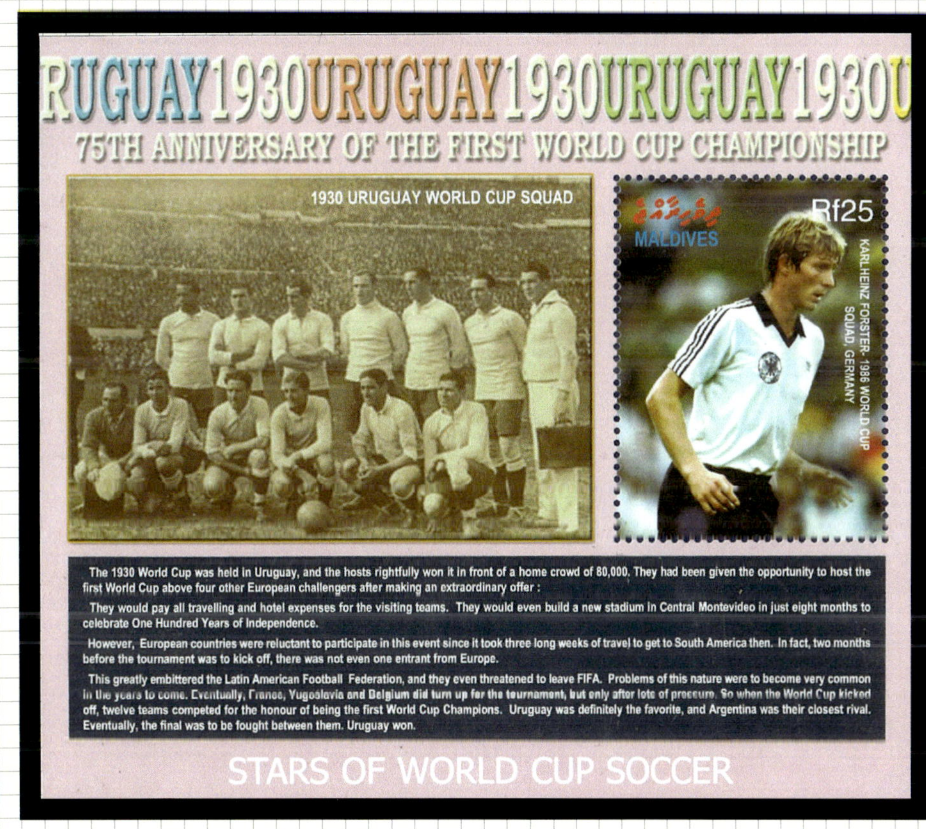

우루과이 독립 100주년 행사의 일환으로 치루어진 월드컵 창립대회는 개최국 우표를 발행하지 않았다. 위 우표는 1986년 몰디브에서 발행한 우표로 제1회 우루과이 대회가 치루어진 과정과 선수단, 그리고 독일 KARLHEINE FORSTERT 선수를 소개하고 있다

3-2-2 제2회

개최 연도	개최국	참가국수	우승국	준우승국
1934	이탈리아	16	이탈리아	체코슬로바키아

개최국 발행 우표

대회 포스터

3-2-3 제3회

개최 연도	개최국	참가국수	우승국	준우승국
1938	프랑스	16	이탈리아	항가리

대회 포스터

발행국 프랑스 발행 1종

♦ 세계 제2차 대전으로 대회 중단

제3회 프랑스 월드컵대회는 유럽에 전운이 감돌고 강대국간의 외교가 사라신 암울한 속에서도 16개국이 참가하여 무사히 치루었으나 제1차 세계대전의 패전국 독일의 히틀러 총통의 야욕은 39년 폴란드를 합병시키고 프랑스를 비롯한 서 유럽국들과 선생에 돌입하였다. 한편 일본은 한국을 합병하고 중국 러시아 미국 동남아국들과의 전쟁을, 45년 일본의 항복으로 종전될 때까지 대회가 중단되었다.

미국 발행 제2차 세계대전 50주년 기념 우표

3-2-4 제4회

개최 연도	개최국	참가국수	우승국	준우승국
1950	브라질	13	우루과이	브라질

개최국 발행 우표

대회 포스터

3-2-5 제5회

개최 연도	개최국	참가 국수	우승국	준우승국
1954년	스위스	16	독일	항거리

대회 포스터

우리나라 첫 출전

개최국 발행우표

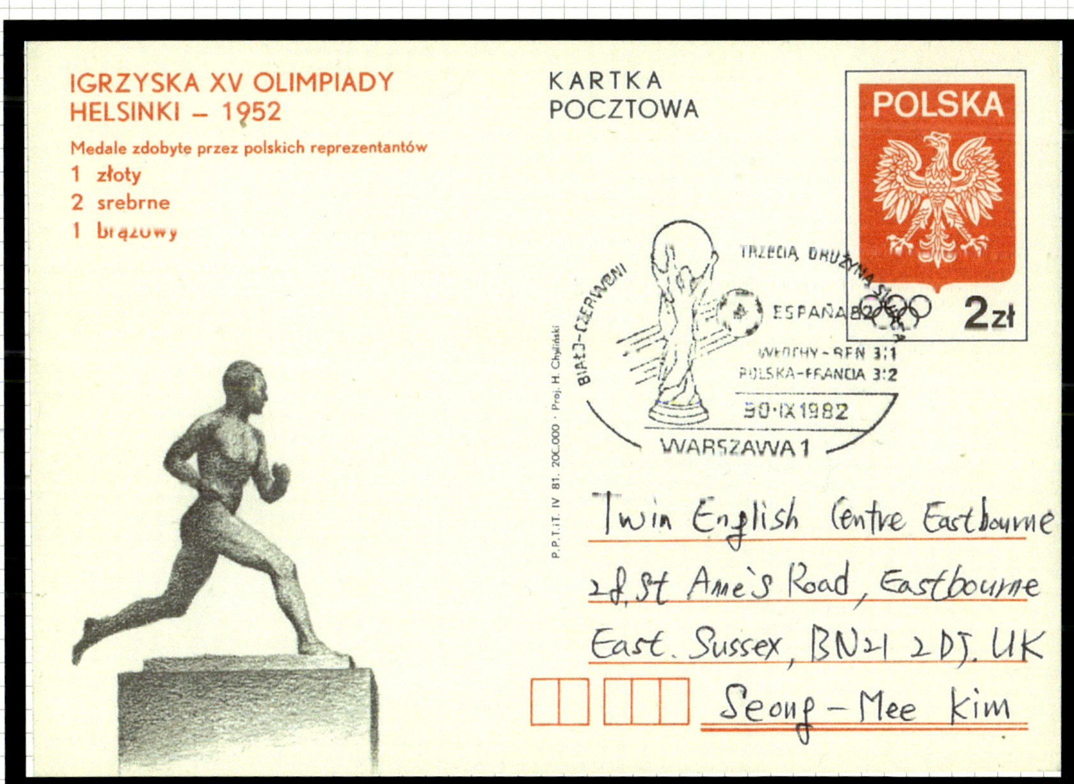

이 엽서는 1952년 제15회 헬싱키올림픽 기념엽서로 축구와 관련 기념인이 찍혀있다.

3-2-6 第6회

개최 연도	개최국	참가국수	우승국	준우승국
1958년	스웨덴	16	브라질	스웨덴

개최국 스웨덴에서 발행한 3종 우표와 포스터

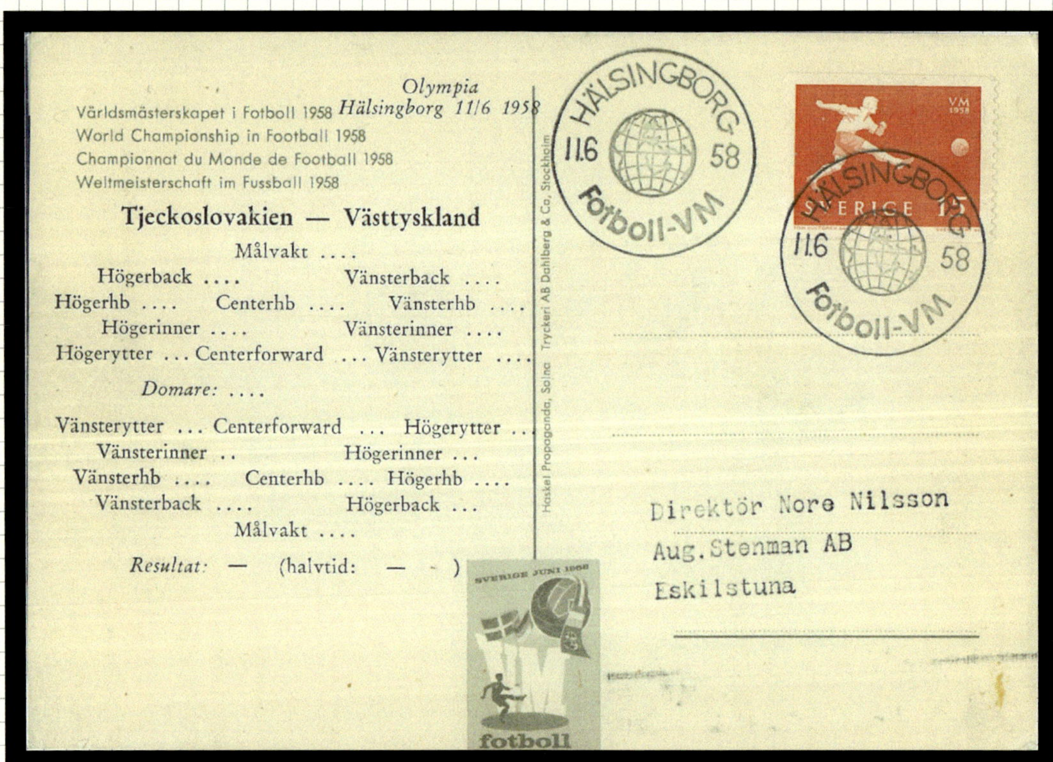

월드컵 개최국가인 스웨덴 헬싱보리(Helsingborg)지역에서 58년 6.11일 접수된 포스트 카드 (개최국 우표에 기념인 소인)

3-2-7 제7회

개최 연도	개최국	참가 국수	우승국	준우승국
1962	칠레	16	브라질	체코슬로바키아

1958년 스웨덴 대회에
이어 연속 우승한 브라질이 발행한 우표

칠레에서 발행된 기념우표(칠레 항공 접수 미국 시카고로 가는 실체 봉투)

3-2-8 제8회

개최 연도	개최국	참가 국수	우승국	준우승국
1966년	잉글랜드	16	잉글랜드	독일

★ 북한이 처음 출전하여 8강에 진출한 대회임

개최국 발행 3종과 대회 포스터

본 실체는 UEFA 유로 1996을 기념하기 위하여 영국 왕립우정청(Roal Mail)에서 발행한 공식 기념 우표를 Evening Standard 기념 일부인 날인 하여 보낸 것임

3-2-9 제9회

개최 연도	개최국	참가국수	우승국	준우승국
1970년	멕시코	16	브라질	이탈리아

개최국 포스터와 발행국 우표

중앙아프리카 발행
기념 시쇄 우표 →

중앙아프리카 차드공화국
← 발행 우승국 브라질

3-2-10 제10회

개최 연도	개최국	참가국수	우승국	준우승국
1974년	독일	16	독일	네델란드

대회 포스터

그라나다(GRENADA) 발행

폴란드(POLSKA) 발행

버뮤다(BAR BUDA) 발행

3-2-11 제11회

개최 연도	개최국	참가국수	우승국	준우승국
1978년	아르헨티나	16	아르헨티나	네

개최국 아르헨티나 발행 우표

3-2-12 제12회

개최 연도	개최국	참가국수	우승국	준우승국
1982년	스페인	24	이탈리아	독일

개최국 스페인 발행

브라질 발행 월드컵 기념 우표를 브라질 항공에서 접수하여 월드컵이 열리는 마드리드 거주하는 파라과이 정치인이며 기업가인 Water Kobylanski 에게 전해진 등기 실체

3-2-13 제13회

개최 연도	개최국	참가 국수	우승국	준우승국
1986년	멕시코	16	브라질	독일

멕시코 발행 (82년도)

86년 모나코 발행

개최국 멕시코 발행 시이트

대회 포스터

3-2-14 제14회

개최 연도	개최국	참가국수	우승국	준우승국
1990년	이탈리아	24	독일	아르헨티나

대회 포스터

인도네시아 발행 소형 시이트

개최국 이탈리아 발행 우표와 시트

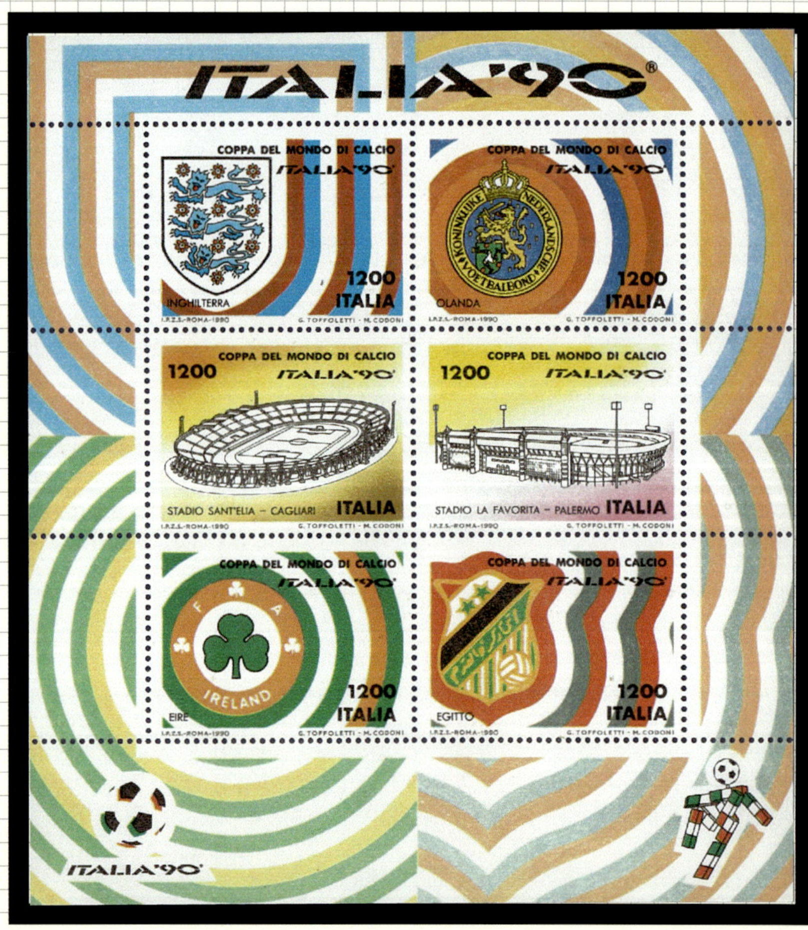

3-2-15 제15회

개최 연도	개최국	참가 국수	우승국	준우승국
1994년	미국	24	브라질	이탈리아

미국월드컵 초일봉투와 시이트

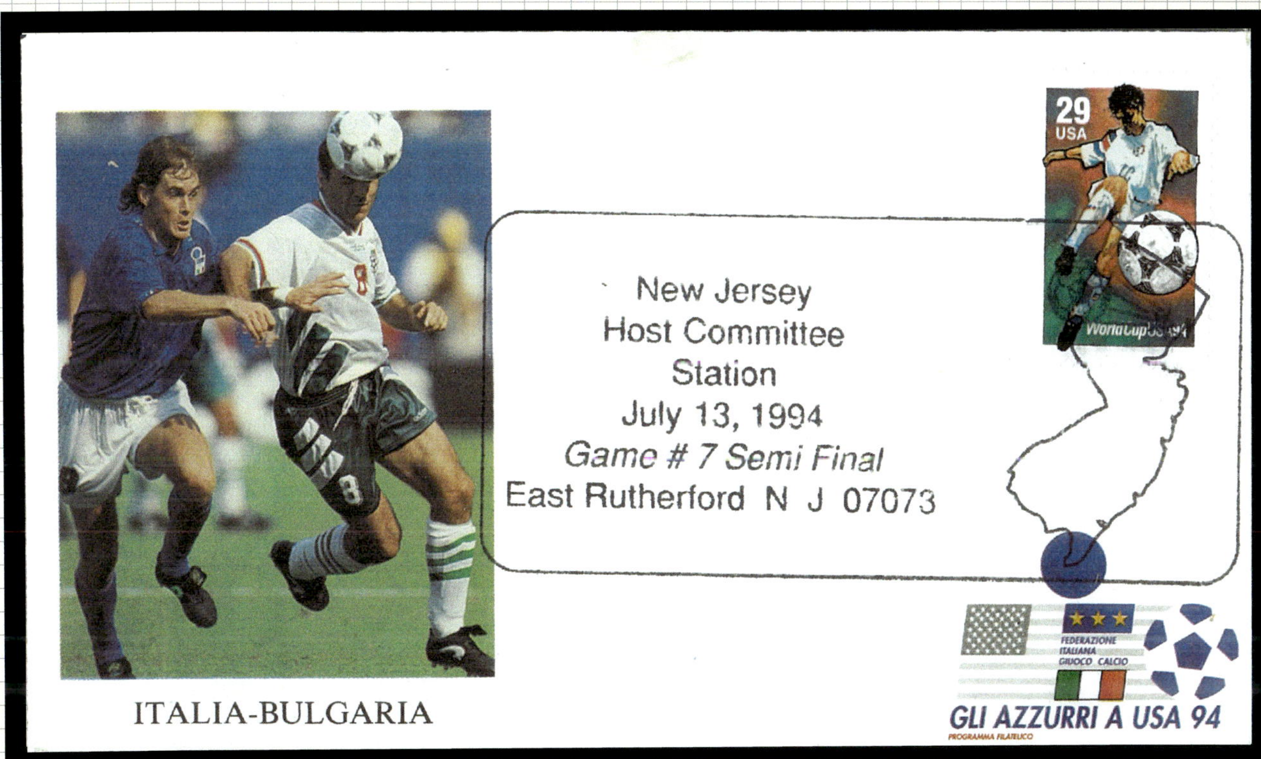

3-2-16 제16회

개최 연도	개최국	참가 국수	우승국	준우승국
1998년	프랑스	32	프랑스	브라질

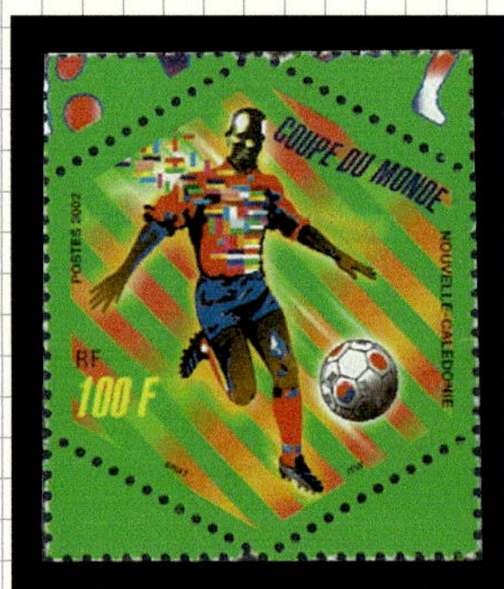

개최국 프랑스 발행

3-3 우리나라 월드컵 참가 기록

3-3-1 1954년 스위스 월드컵

감독 김용식 전적 항가리 0::9 터키 0:7

3-3-2 1986년 멕시코 월드컵

감독 김정남

전적 아르헨티나 1:3 불가리아 1:1 이탈리아 2:3

북한 발행

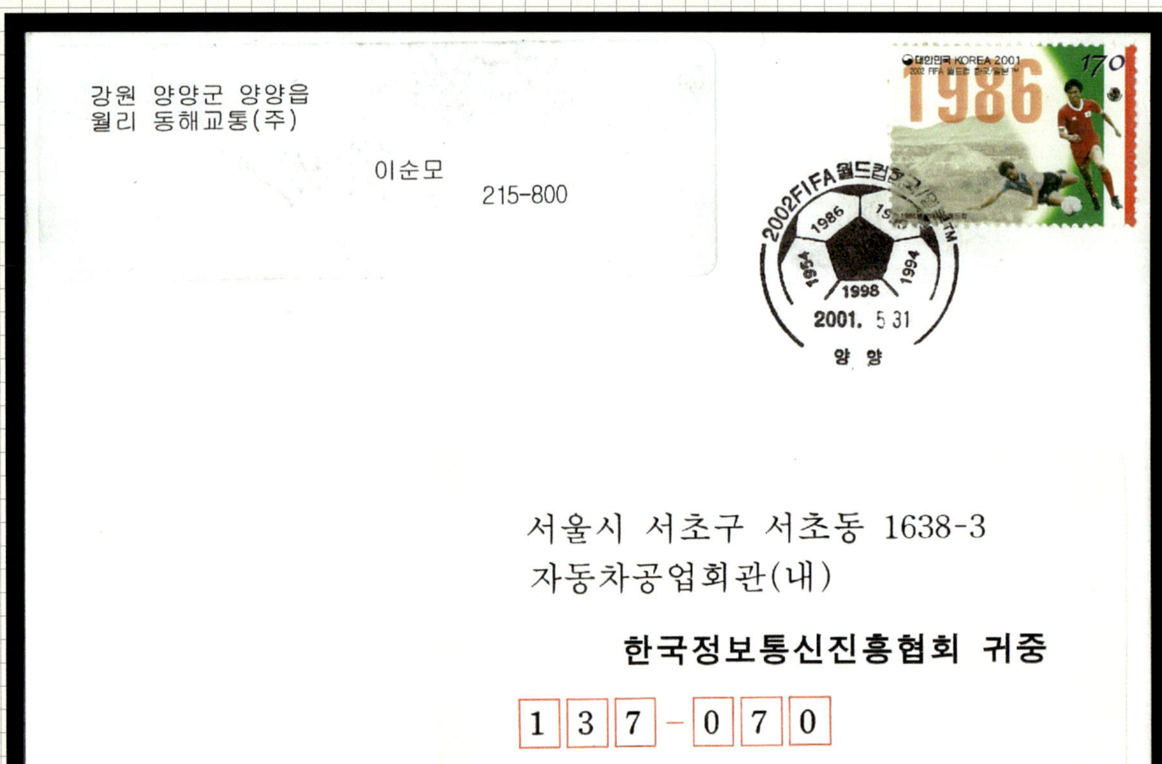

3-3-3 1990년 이탈리아 월드컵

감독 이회택

전적 벨기에 0:2 스페인 1:3 우루과이 0:1

소련 발행 월드컵 기념

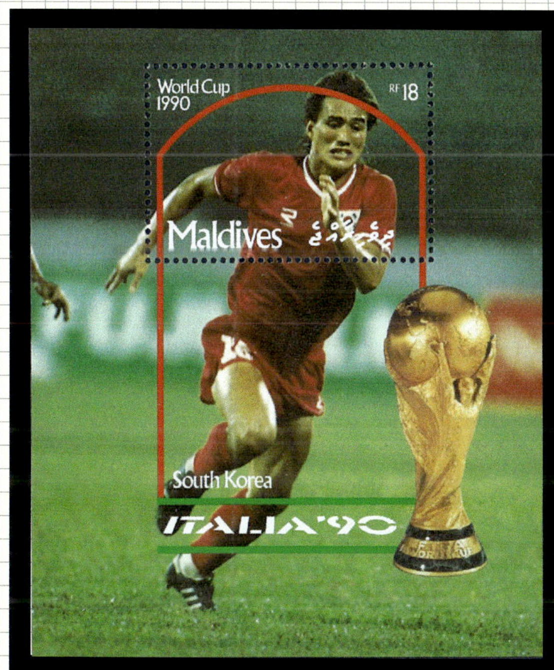

이태리 월드컵 기념 몰디브 발행

불가리아 발행 이태리 월드컵

3-3-4 미국 월드컵

감독 김호

전적 스페인 2:2 볼리비아 0:0 독일 2:3

3-3-5 1998년 프랑스 월드컵

감독 차범근

전적 멕시코 1:3 네덜란드 0:5 벨기에 1:1

프랑스 발행

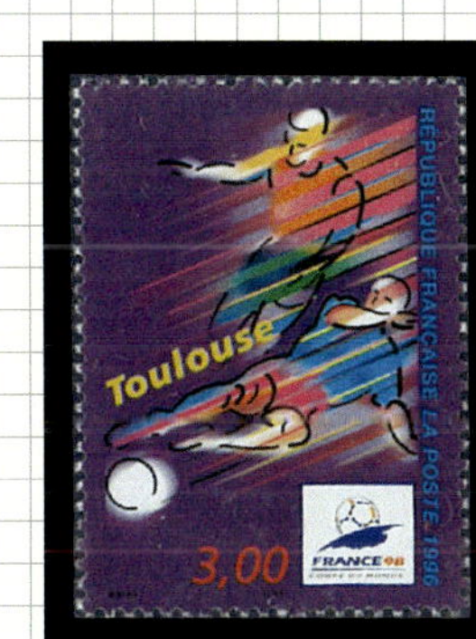

북한 발행

3-4 월드컵의 영웅들 ①

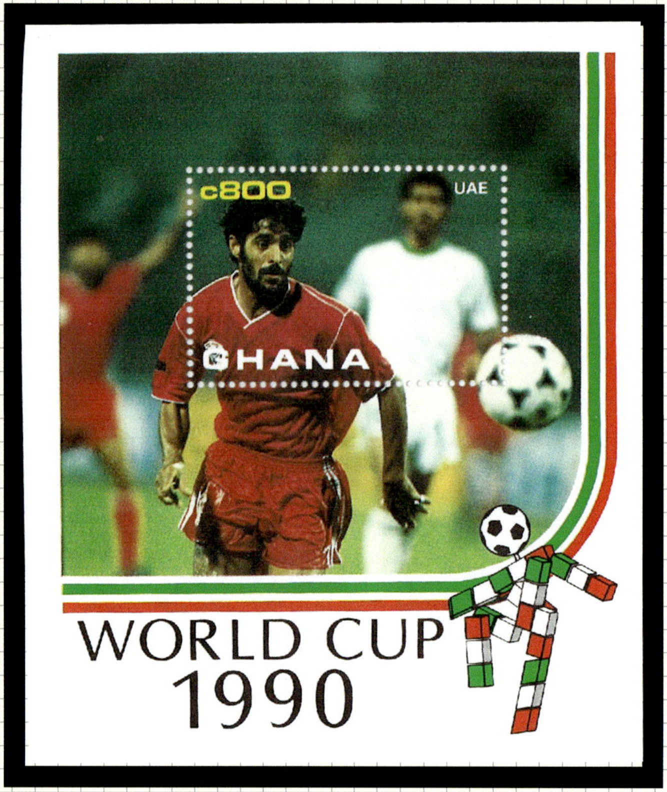

아베디 펠레(Abedi Pole) 가나

로벨토 마치니(Roberto Mancini) 이탈리아

네스돌하미러(Nestor inCombin) 아르헨티나
오만 비익(Oman biyik) 카메룬

3-4 월드컵의 영웅들 ②

이탈리아 선수 페르난도 (Fernando와 독일 선수 안드레스 부라메(Andreas Brehme)

★리베리아에서 발행하는 우표 국명을 우간다(UGANDA)로 오기한 에러 우표

이탈리아 선수 루이지 리바 LUIGI RIVA

그라나다 발행 우루과이 선수 엔조 프란테스콜리 (Enzo Francescoli)

3-4 월드컵의 영웅들 ③

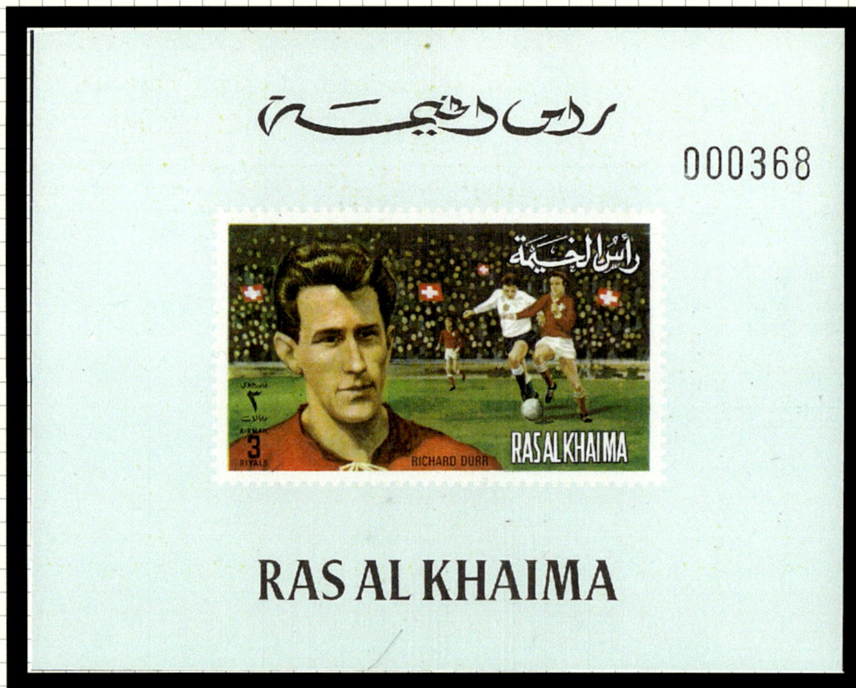

라스안카리마(RASALKHAIMA) 발행 스위스 선수 리차드 듈럭(Richard durr)

라스안카리마 발행 벨기에 선수 바울반 힘슨(Paul Van Himst)

3-4 월드컵의 영웅들 ④

체코슬로바키아 선수 토마스 스쿠흐라비(Tomas Skuhravy)

한국
김병수

일본
Masami Ihara

프랑스
Marcel Desailly

영국
David Beckham

콜롬비아
Carlos Valderama

루마니아
George Peposcu

3-4 월드컵의 영웅들⑤

한국 홍명보 일본 Hidetoshi Nakata 브라질 Horaldo
이탈리아 Pada maldini 덴마크 Peter Schmeichl 스페인 Raul Blanco

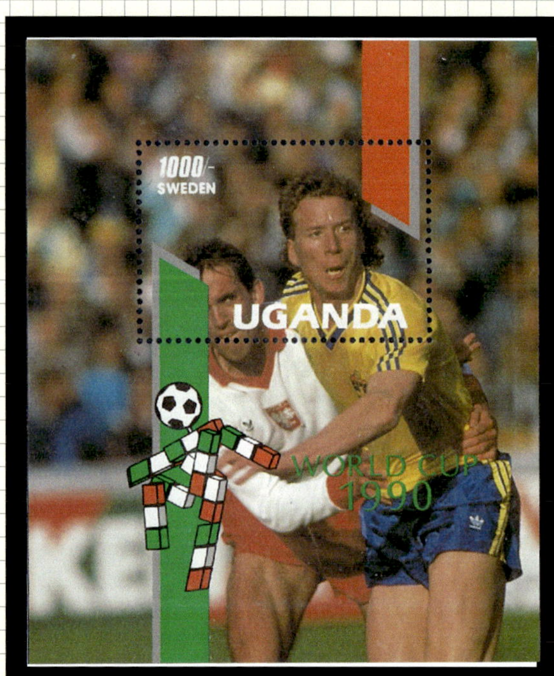

스웨덴 지미그니에우 보니에크(Zbignieu Boniek

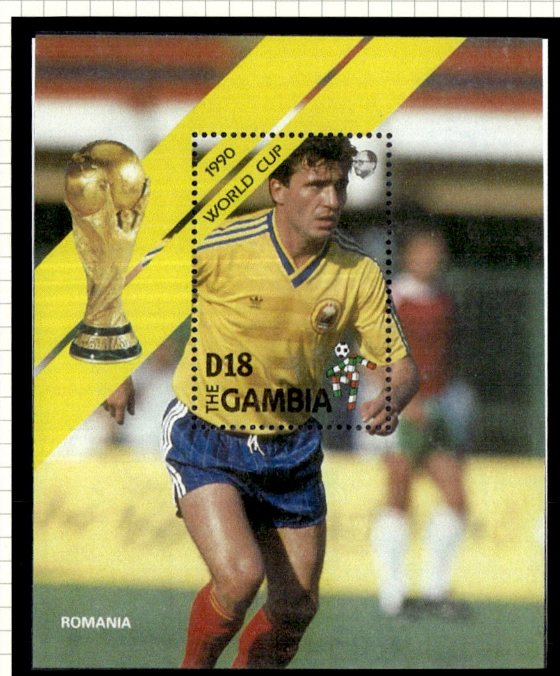

루마니아 게오르게 하리(Gheorghe Gagi)

2002 FIFA 월드컵 한국/일본™
성공·4강기념
2002 FIFA WORLD CUP KOREA JAPAN
거스 히딩크
1. 이운재
2. 현영민
3. 최성용
4. 최진철
5. 김남일
6. 유상철
7. 김태영
8. 최태욱
9. 설기현
10. 이영표
11. 최용수
12. 김병지
13. 이을용
14. 이천수
15. 이민성
16. 차두리
17. 윤정환
18. 황선홍
19. 안정환
20. 홍명보
21. 박지성
22. 송종국
23. 최은성
대한민국 KOREA 2002
190
디자인 이기석
한국조폐공사제조
대한민국정보통신부
MINISTRY OF INFORMATION AND COMMUNICATION REPUBLIC OF KOREA
1292474

4 2002 한일월드컵

4-1 월드컵의 유치

1989년 대한축구협회의 월드컵 유치 결의을 정부가 받아들여 93년 11월 1일 정부에서 유치정책을 공식 결정, 다음해 3월 15일 재단법인 2002 FIFA 월드컵 축구 유치위원회를 설립하고 다각적인 유치 활동을 전개하여 1996년 5월 31일 스위스 취리히에서 열린 FIFA 집행위원회에서 아시아 최초로 우리나라와 일본의 공동 개최를 결정하였다.

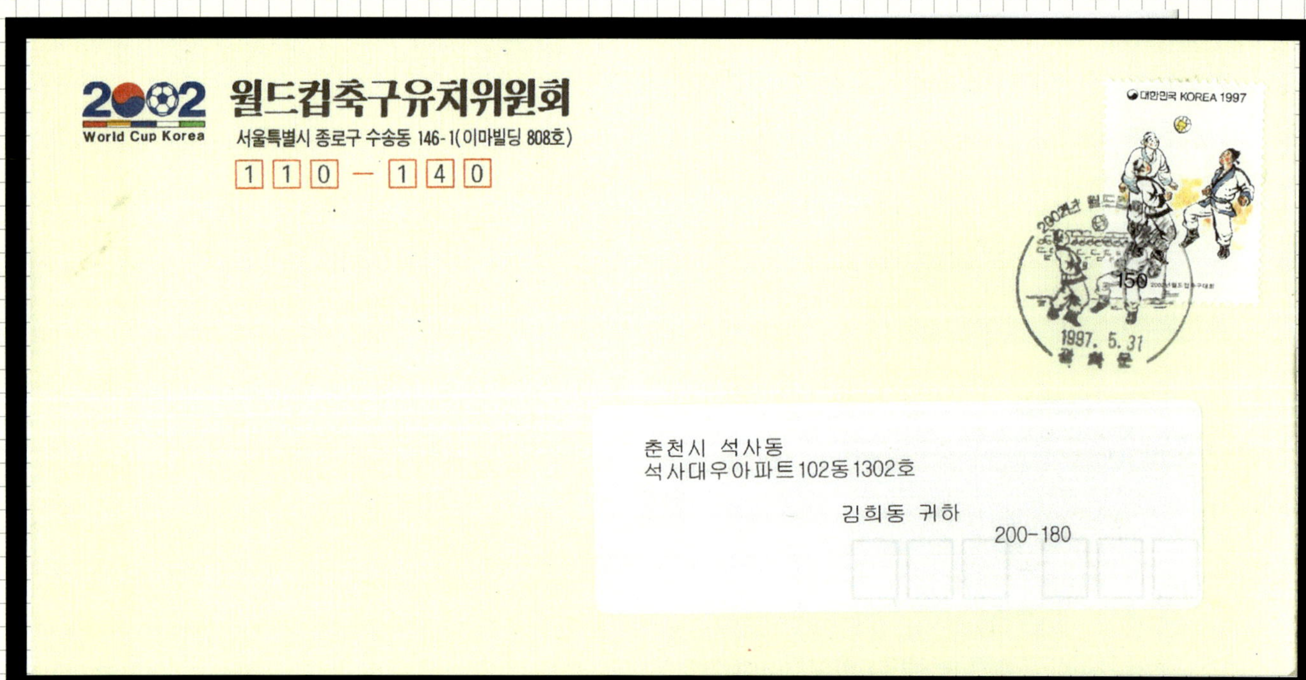

4-2 엠블렘(Emblem)

중앙 부분에 2002 FIFA 월드캅 TM 의 톡특한 이미지를 상징하는 FIFA 월드컵을 형상화, 원은 우주, 태양, 세계를 상징한다. 색상은 세계 여러 나라의 생동감을 나타내기 위해 밝은색을 사용하였으며 좌상단 원의 모양이 열려있음은 세계 어느 나라라도 월드컵 트로피를 차지할 수 있다는 개방성을 상징하고 있다.

일본에서 보내온 실체 봉투

4-3 마스코트(아트모의 스토리)

2002 한일월드컵의 마스코트인 아트모는 실재하지 않는 상상의 존재로 광속으로 우주공간을 돌아다니는 우주왕국(Atmo Zone)의 앙증맞은 생명체이다. 이들이 가장 좋아하는 스포츠는 축구이다. 3명의 주인공 가운데 가장 키 큰(노란색) 아트모는 통치자 일렉트로 대왕의 아들로 지상에 내려가 2002 한일 월드컵 축구대회의 축제 분위기를 고조시키라는 명령을 받고 수제자들을 데리고 지상으로 내려와 각가지 해프닝과 모험을 벌인다

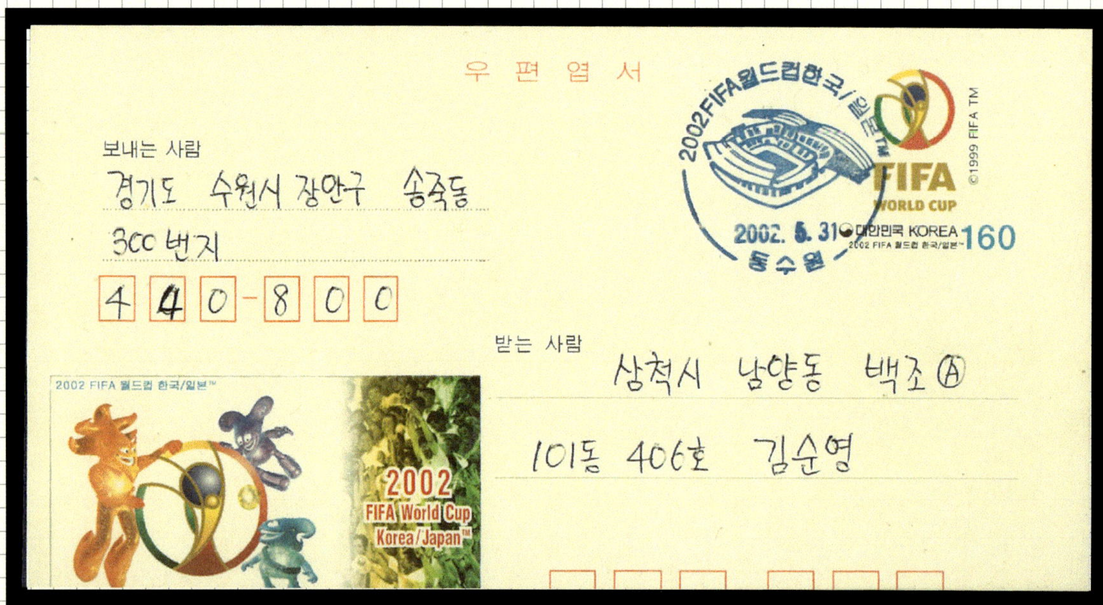

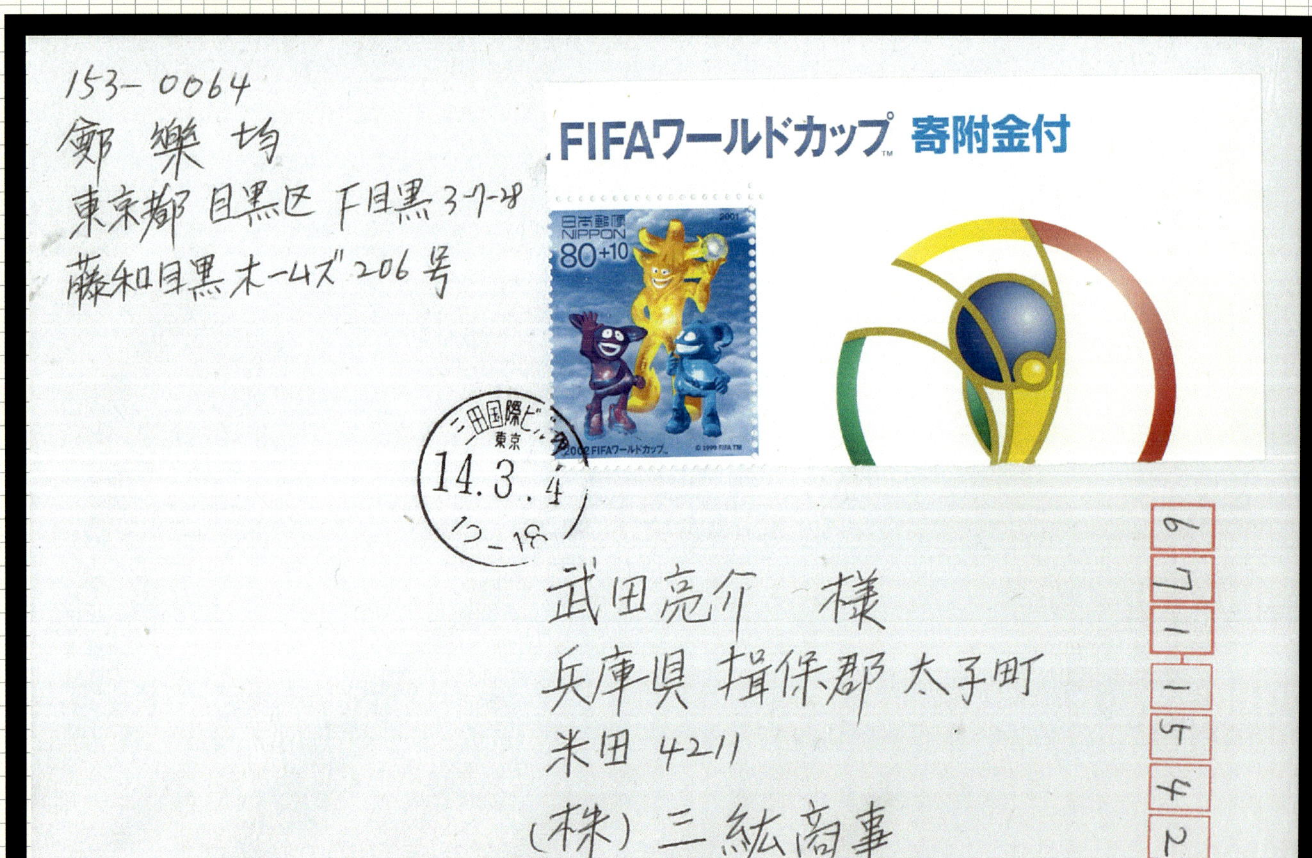

4-4 2002 한일월드컵 개최

2002년 5월 31-6월 30일 제17회 FIFA 월드컵이 한국과 일본 각 10개 도시에서 공동 개최되었다. 아시아에서는 처음 개최되는 대회에 우리는 북한과 공동 개최를 제의하였으나 북한은 공식적인 입장 표명을 하지 않아 공동 개최는 무산되었다.

4-4 대회 장소와 참가국

4-4-1 서울

5.31	프랑스(0) : 세네갈(1)
6.13	터키(3) : 중국(0)
6.25	독일(1) : 한국(0)

개회식과 준결승전이 치루어진 서울 상암경기장

4-4-2 부산

6.2	파라과이(2) : 남아프리카공화국(2)
6..4	한국(2) : 폴란드(0)
6.6	프랑스(0) : 우루과이(0)

월드컵 출전선수와 임원, 기자단 등이 묵는 숙소에서도 임시 우편서비스를 제공한 바 본 실체는 부산진 우체국이 2002년 5.28-6.6까지 운영한 부산롯데호텔 임시 우체국의 봉투임

4-4-3 대구

6.6	덴마크(1) : 세네[갈(1)
6.8	남아프리카공화국(1) : 슬로베니아(0)
6.10	한국(1) : 미국(1)
6.29	한국(2) : 터키(3)

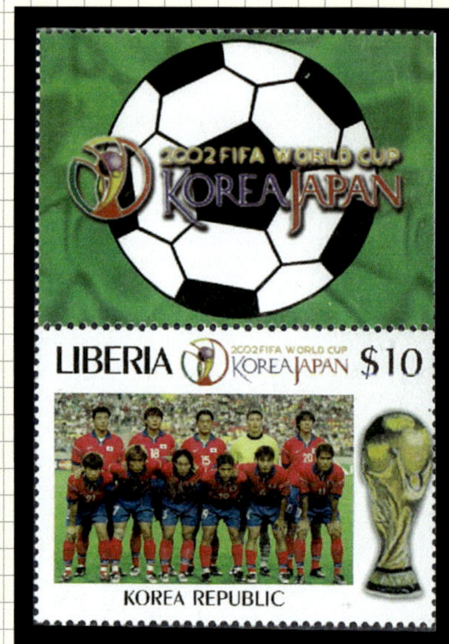

한국 선수단

세네갈 발행 시이트

터키 선수단

4-4-4 인천

6.9	코스타리카(1) :터키(1)
6..11	덴마크(2) : 프랑스(0)
6.14	포르투칼(0) : 한국(1)

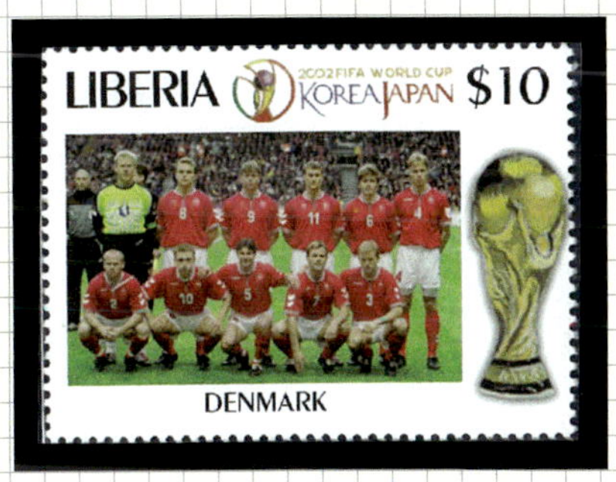

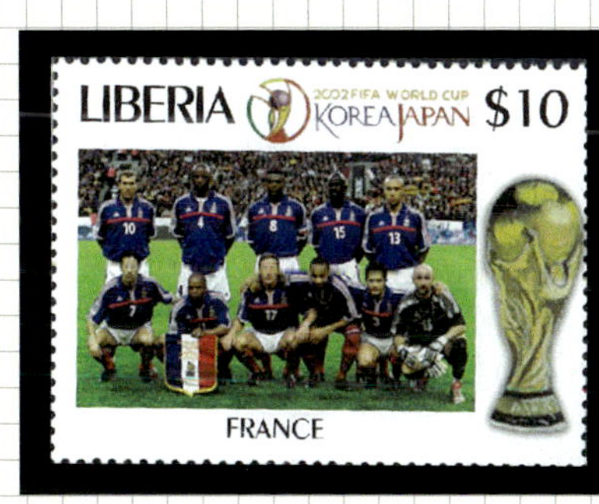

4-4-5 광주

6.2	스페인(3) : 슬로베니아(2)
6.4	중국(0) : 코스타리카(2)
6.22	스페인(3) 한국(5)

4-4-6. 대전

6.12 남아프리카공화국(2) : 스페인(3) 6.14 폴란드(3) : 미국(1) 6.18 한국(3) : 이탈리아(2)

4-4-7 울산

6.1	우루과이(1) : 덴마크(3)
6..3	브라질(2) : 터키(1)
6.21	독일(1) : 미국(0)

4-4-8 수원

6.6	미국(3) : 포르투칼(2)
6.11	세네갈(3) : 우루과이(3)
6.13	코스타리카(2) : 브라질(5)
6.16	스페인(5) : 아일랜드(3)

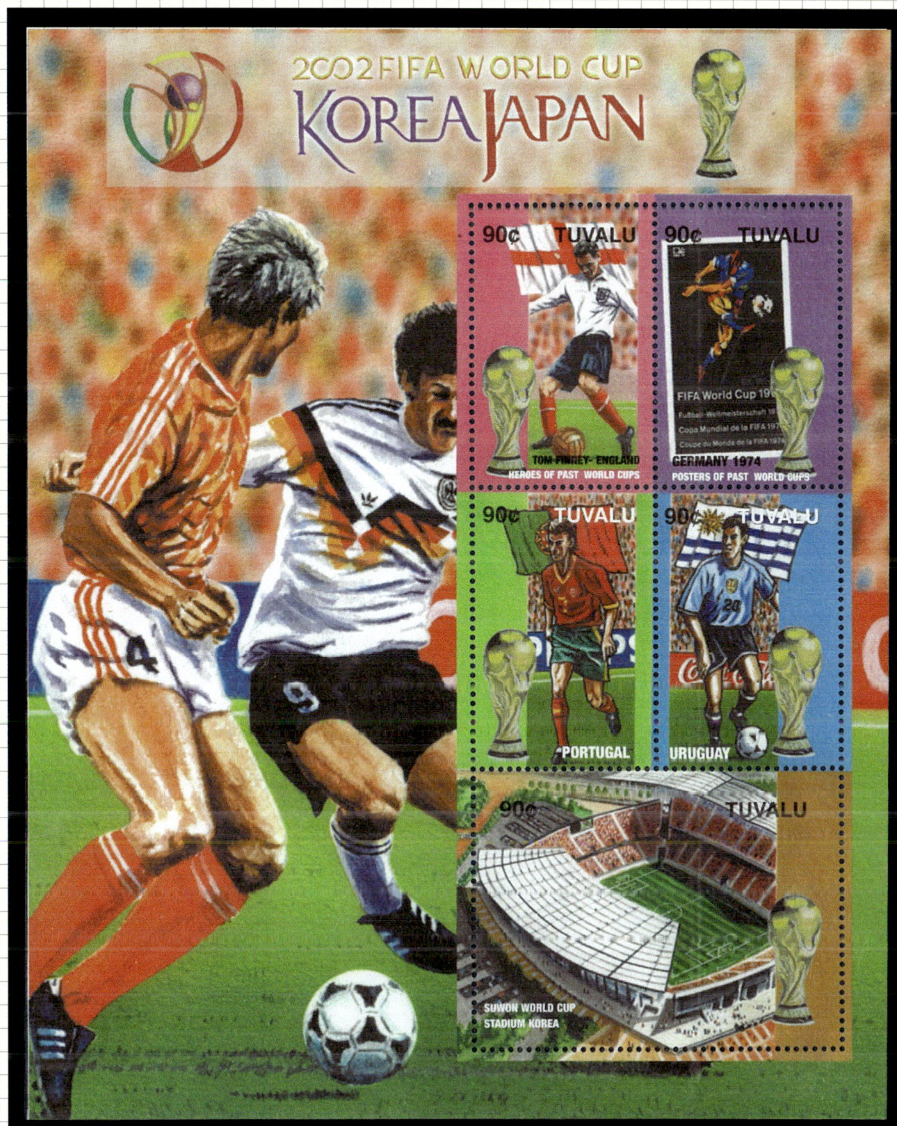

투발루 발행 한일월드컵
(Tu va lu)

4-4-9 전주

6.7	스페인(3) 파라과아(1)
6.10.	포르투갈(4) : 폴란드(0)
6.17	멕시코(0) : 미국(2)

4-4-10 제주

6.8	브라질(4) 중국(0)
6.12	슬로베니아(1) : 파라과이(3)
6.15	독일(1) : 파라과이(0)

중국 발행 월드컵 기념 우표

4-4-11 요코하마

6.9	일본(1) : 러시아(0)
6.11	사우디(0) : 아일랜드(3)

6.13	에콰도르(1) : 크로아티아(0)
6.30	독일 (0) : 브라질(2)

이 우표는 2002년 5월 24일 10경기장 우표와 함께 발행 되었다가 결승국이 정해짐에 따라 대진국 명을 넣어 6.30일 추가로 발행하였음

결승전과 폐막식이 치루어진 요코하마 경기장

4-4-12 사이타마

6.2	영국(1) : 스웨덴(1)
6.4	일본 (2) : 벨기에(2)

6.6	카메룬(1) : 사우디(0)
6.26	브라질 (1) : 터키(0)

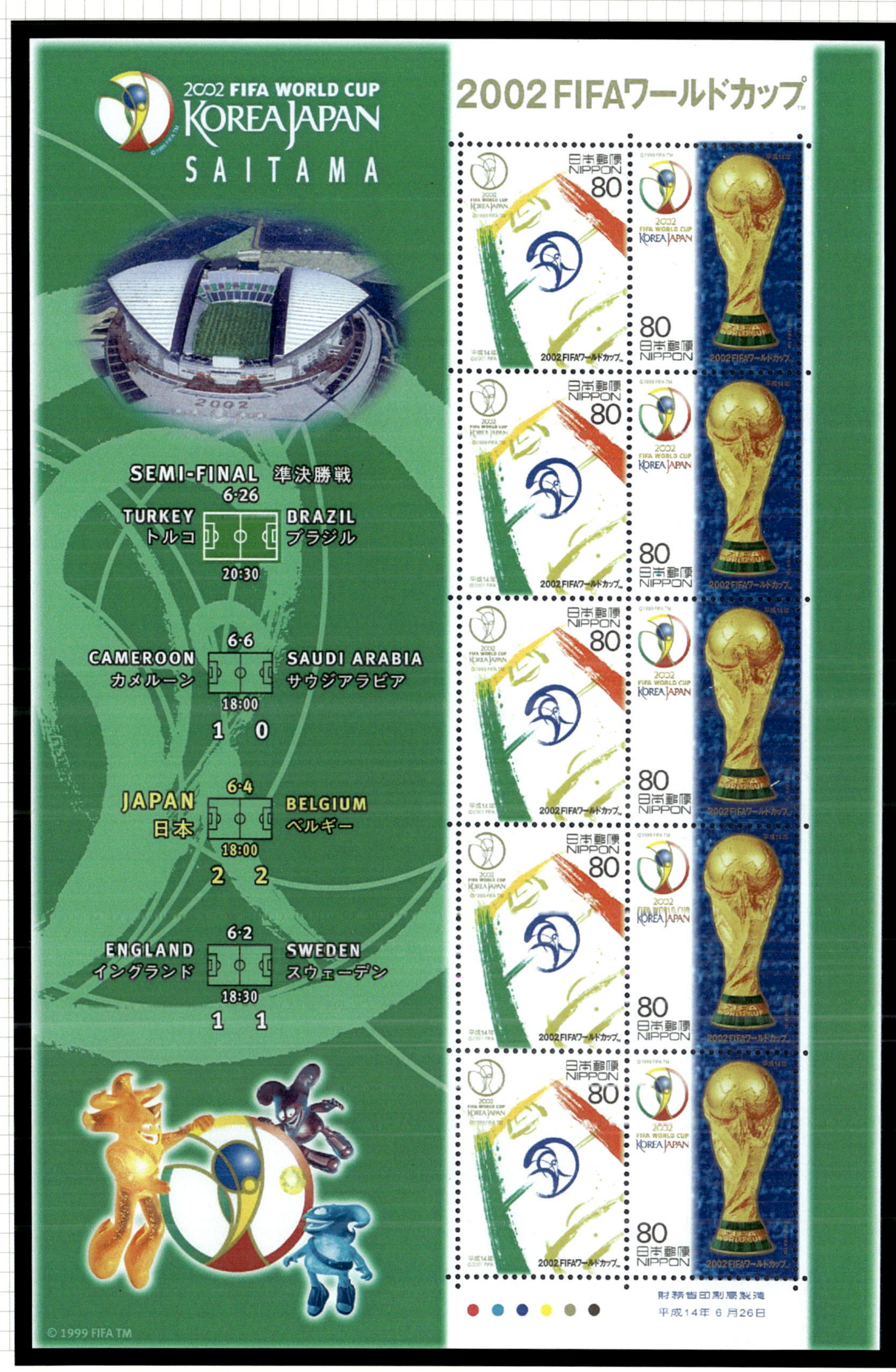

4-4-13 고베

6.6	러시아(2) : 튀지니(0)
6..7	스웨덴(2) : 나이지리아(1)
6.217	브라질(2) : 벨기에(0)

4-4-14 미야기

6.9	멕시코(2) : 에콰도르(1)
6.12	스웨덴(1) : 아르헨티나(1)
6.18	일본(0) : 터키(1)

4-4-15 삿보로

6.1	독일(8) : 사우디(0)
6.3	이탈리아2) : 에콰도르(0)
6.7	아르헨티나0) : 잉글랜드(1)

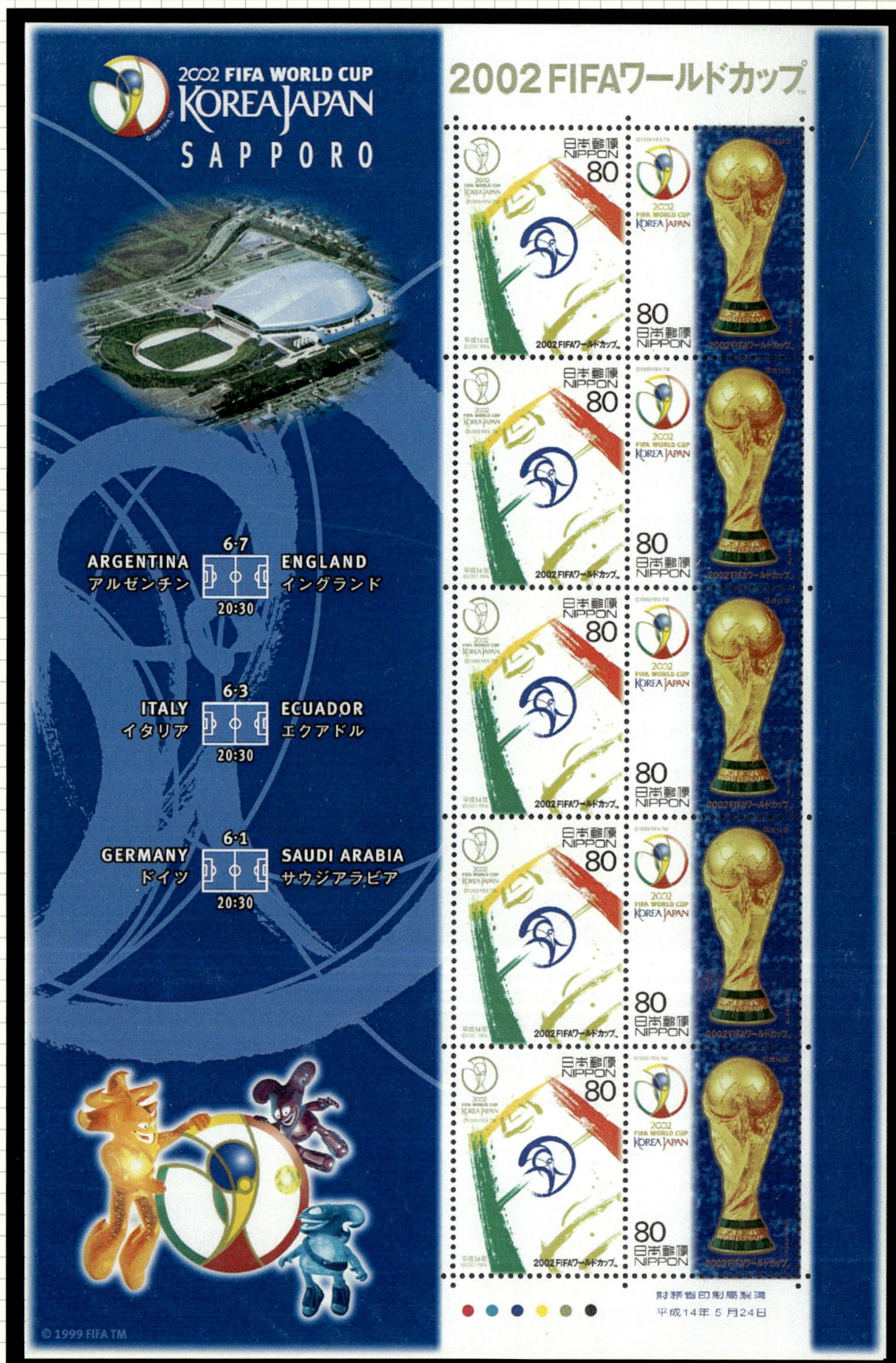

4-4-16 오이타

6.10	튀지니(1) 벨기에(1)
6.13	이탈리아(1) : 멕시코(1)
6.16	스웨덴(1) : 세네갈(2)

4-4-17 니가타

6.1	아일랜드(1) : 카메룬(1)
6.3	크로아티아(0) : 멕시코(1)
6.15	덴마크((0) :잉글란드(3)

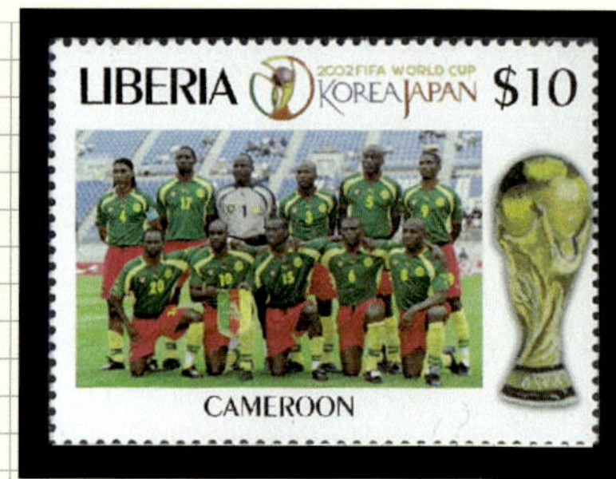

4-4-18 이바라키

6.2	아르헨티나(1) : 나이지리아(0)
6.5	독일(1) : 아일랜드(1)
6.8	이탈리아(1) : 크로아티아(2)

4-4-19 오사카

6.12	잉글랜드(0) : 나이지리아(0)
6.14	튀지니(0) : 일본(2)
6.22	세네갈(0) : 터키(1)

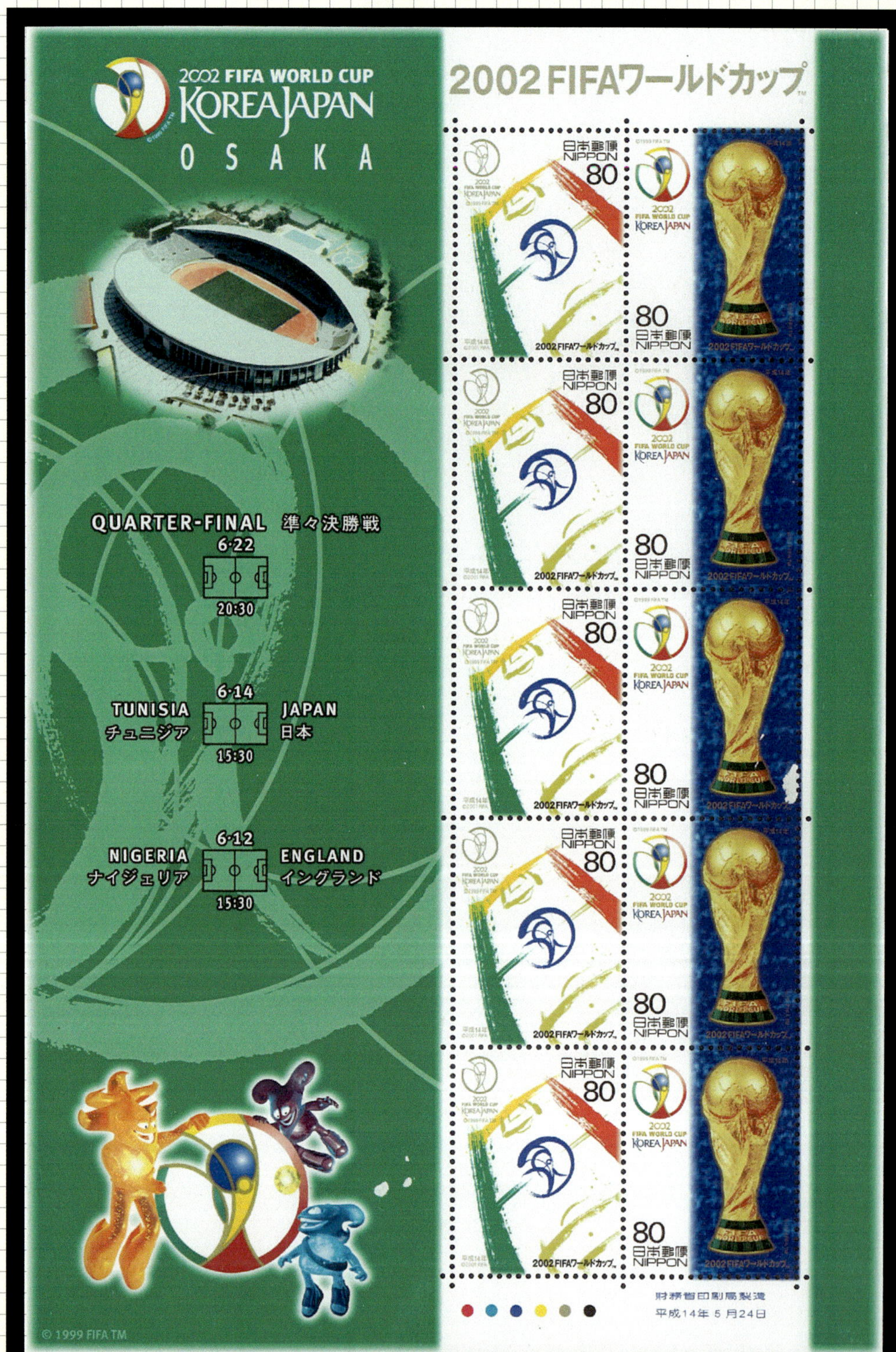

4-4-20 스즈오카

6.11	카메룬(0) : 독일(2)
6.14	벨기에(3) : 러시아(2)
6.21	잉글랜드(1)) : 브라질(2)

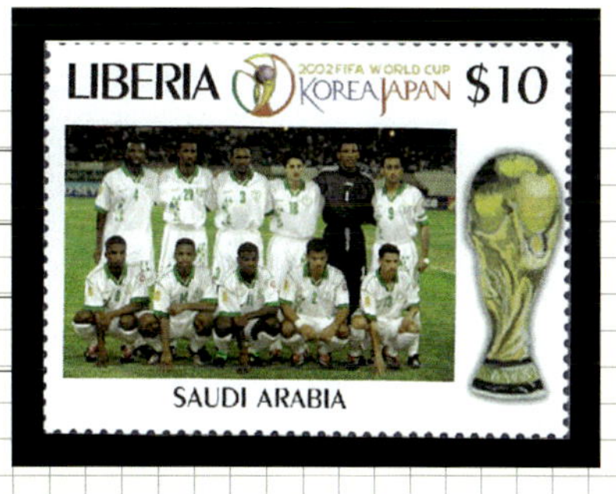

4-6 참가국과 성적

4-5-1 우승 : 브라질(우승 5회 본선 17회)

리베리아에서 발행한 브라질 선수단 우표

4-5-2 준우승 : 독일(우승 3회 본선 15회)

리베리아에서 발행한 독일선수단과 결승전이 치루어진 요코하마 경기장

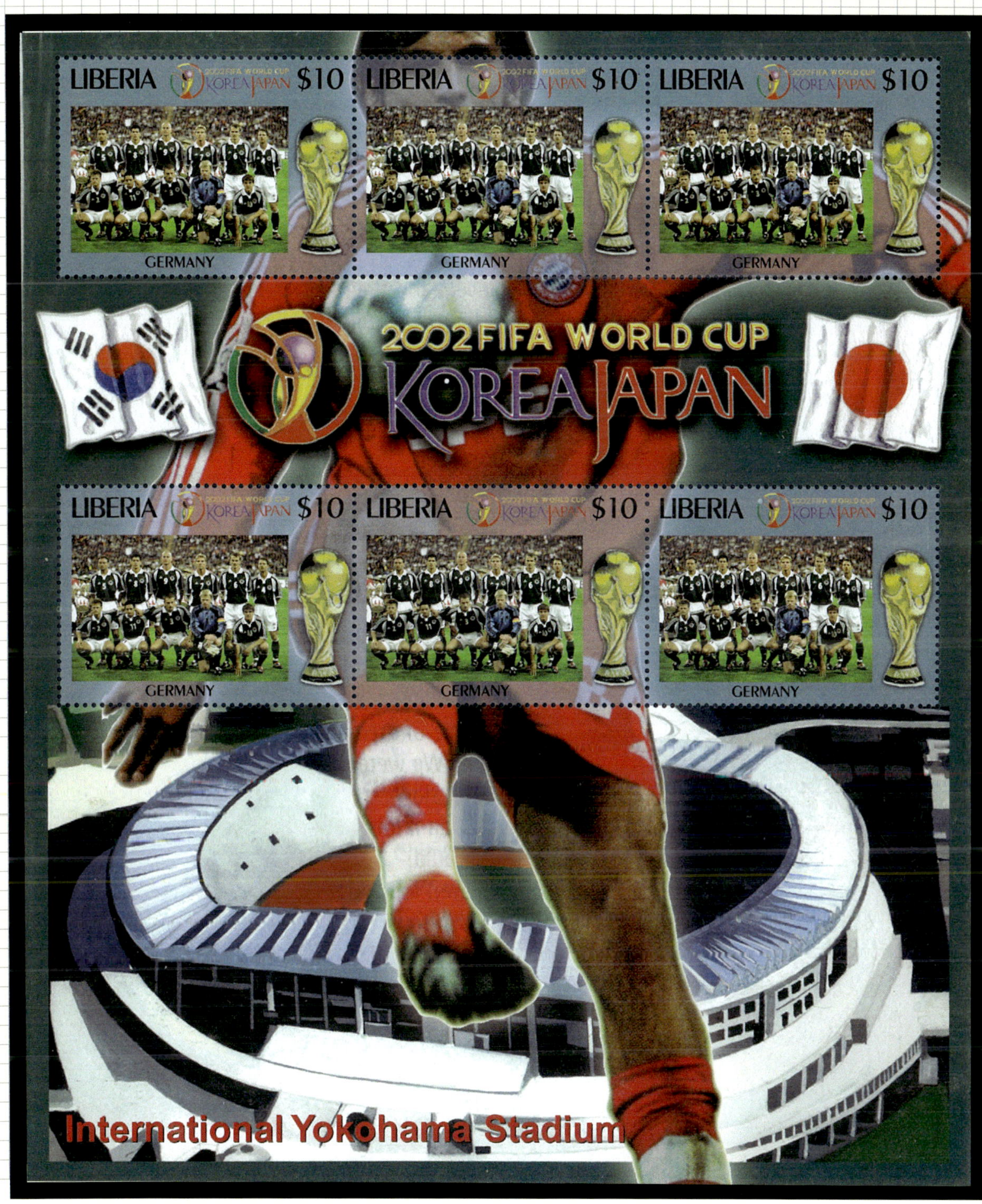

4-5-3. 3위 투르키예(FIFA 랭킹 23위, 본선 2회

4-5-4. 4위 한국(FIFA 랭킹 43위 본선 6회

세인트빈센트 그레나딘(Saint Vincent and the Grenadines, SVG)에서 발행한 한국선수단

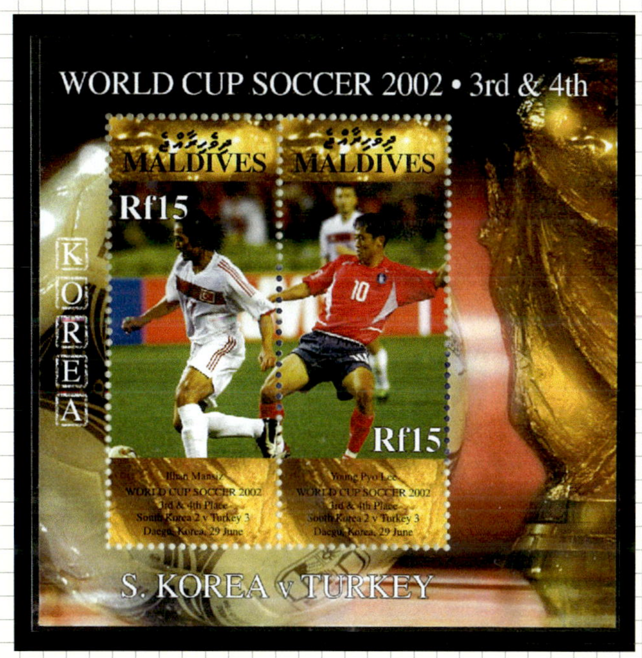

몰디브 (MADVIES)에서 발행한 한국과 투루에키에 준결승전 우표

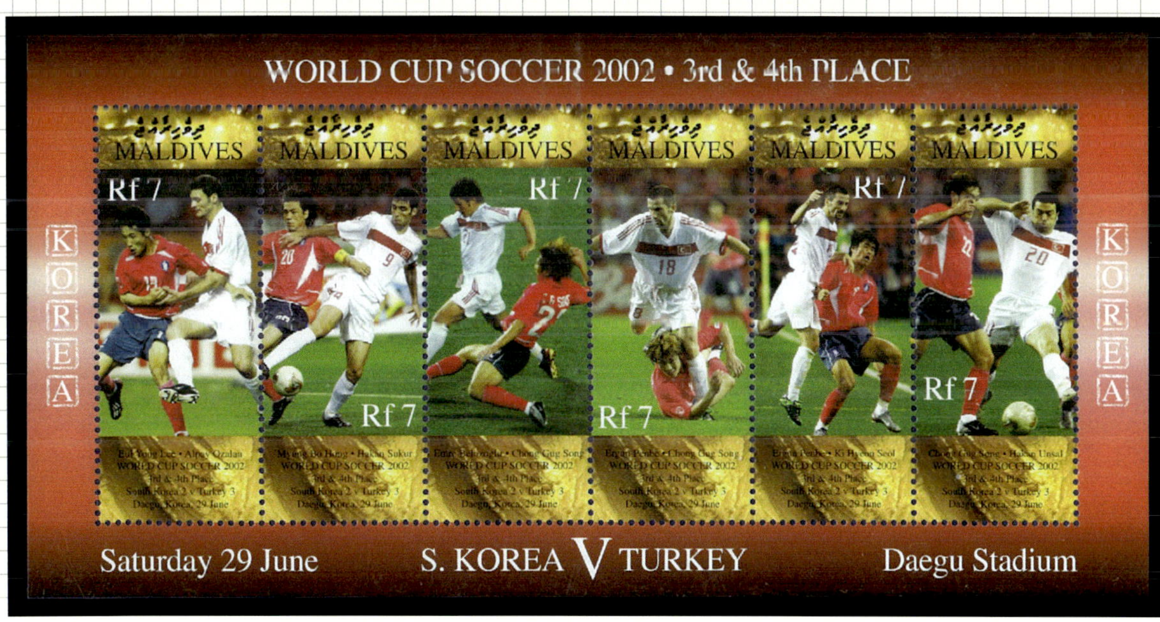

4-5-5. 8강 진출국

영국(우승 1회 본선 11회)

세내갈(FIFA 랭킹67위 본선 1회

미국 (최고 성적 3위 본선 7회)

스페인(최고 성적 4위. 본선 11회)

4-5-6. 16강 진출국 ①

덴마크

FIFA 랭킹 17위 본선 3회

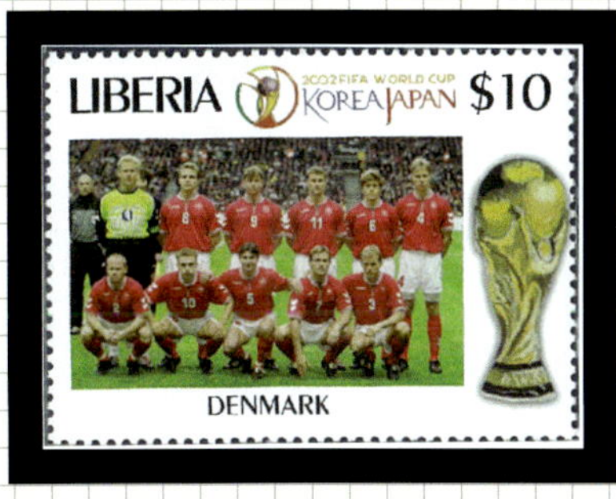

일본

FIFA 랭킹 35 본선 2회

파라과이

FIFA 랭킹 14. 본선 6회

벨기에

최고 성적 4위 본선 11회

4-5-6. 16강 진출국 ②

아일랜드
FIFA 랭킹 18 본선 3회

맥시코
FIFA 랭킹 9 본선ㄴ 12회

스웨덴
최고 성적 58년 준우승 본선 진출 10회

이탈리아
우승 3회. 본선 15회

4-5-8. 본선 진출국 ①

나이지리아
최고 성적 9위, 본선 3회

에콰도르
번선 처음 출전

러시아
FIFA 랭킹 22위 본선 9회

프랑스
우승 1 본선 11회

사우디
FIFA 랭킹 30 본선 3회

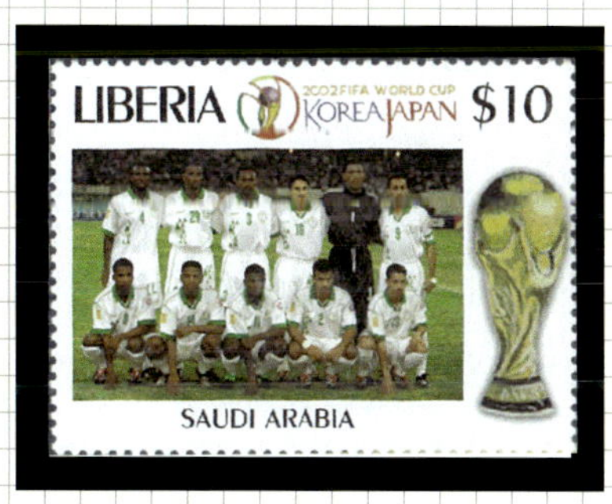

4-5-8 본선 진출국 ②

코스타리카
최고 성적 13위. 본선 2회

우루과이
FIFA 랭킹 24위 본선 10회

폴란드
FIFA 랭킹 33 본선 진출 6회

크로아티아
최고 성저 3위 번선 2회

슬로베니아
FIFA 랭킹 27위. 본선 1회

포르투칼
최고 성적 3위 본선 3회

4-5. 본선 진출국 ③

아르헨티나
우승 2회 본선 13회

남아공
FIFA 랭킹 34 본선 2회

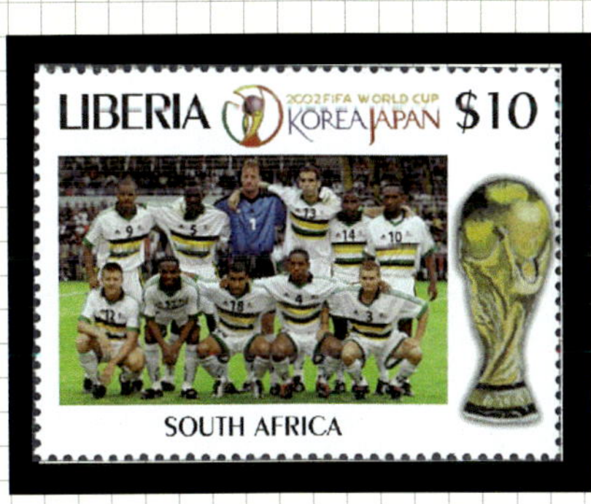

중국
본선 진출 처음

튀지니
초고 성적 13위. 본선 3회

카메룬 (최고 성적 7위 본선 5회)
82년 월드컵대회 기념 우표로 카메룬 발행 자국 선수단

독도는 우리땅

독도는 우리땅!!!
Dokdo is Korean land
생명의 섬! 독도
탕건봉과 삼형제굴
괭이갈매기부부
촛대바위와 일출
동도와 서도
220
디자인 신재용
한국조폐공사 제조

목 차

1-1 독도의 지리적 현황

1-1 위치

독도는 동해에 위치한 대한민국의 동쪽 끝 섬으로 위도와 경도로 나타내면 북위 37도 동경 131도에 위치하며 경상북도 울진군 죽변에서 동쪽으로 216.8km, 울릉도에서 동남쪽으로 87.4km 떨어져 있다

1954년 9월 15일 우리나라 최초 독도우표 3종 발행

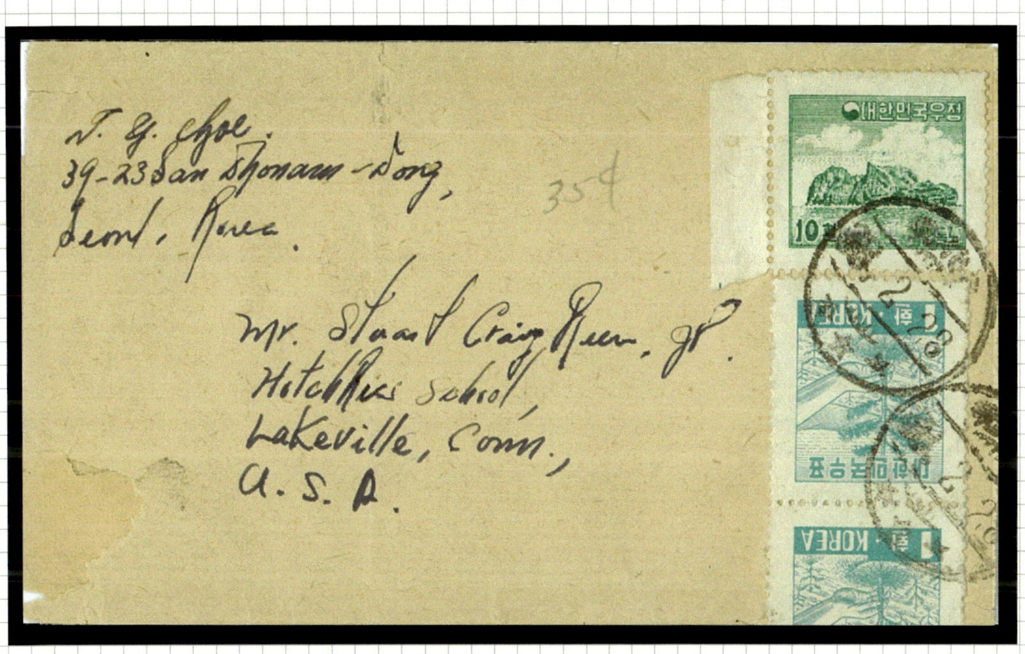

단기 4288년 2월 28일 광화문 접수 미국행 신문 발송 띠지

2020년 4.5일 광주 운림 소인 기계인

1-2 면적

독도의 면적은 총 187.554㎡ 로 동도(73.297㎡) 와 서도(88.740㎡) 2개의 큰 섬과 그 주변 89개의 부속 도서(25517m²)로 구성되어 있다.

진해우체국 접수일자 미상인 미국행 실체 봉투

후면 봉투 (도착일부인은 WATERLOO AGU 22 1985)

1-3 행정구역

경상북도 울릉군 울릉읍 독도리 산 1-96번지로 우편번호는 40240이다. 강원도 울진현에 속해 있던 독도를 1900년 고종황제 칙령 41조에 의해 울릉군의 한 부속 도서로서 공식적으로 일본이 독도를 1905년 시네마현에 편입시켰다고 주장하는 것보다 5년이나 앞선 것임.

2014년 8월 22일 북한 발행 독도 우표

2002년 8월 2일 발행 내고향 특별우표(필라코리아 우체국 소인)

2 독도의 역사

2-1 독도의 연혁

★ 우산국(512년) 지증왕 13년 이사부 우산국 정벌 신라영토에 귀속시킴

★ 삼봉도(1469년 우산도 가산도 가지도로도 불림

★ 강원도 울도군으로 편입 (1900년 고종황제의 칙령 41조)

★ 경상남도에 편입(1906년 행정구역 개편)

★ 경상북도에 이속(1914년 행정구역 개편)

2005년 영월우표전시회 기념엽서

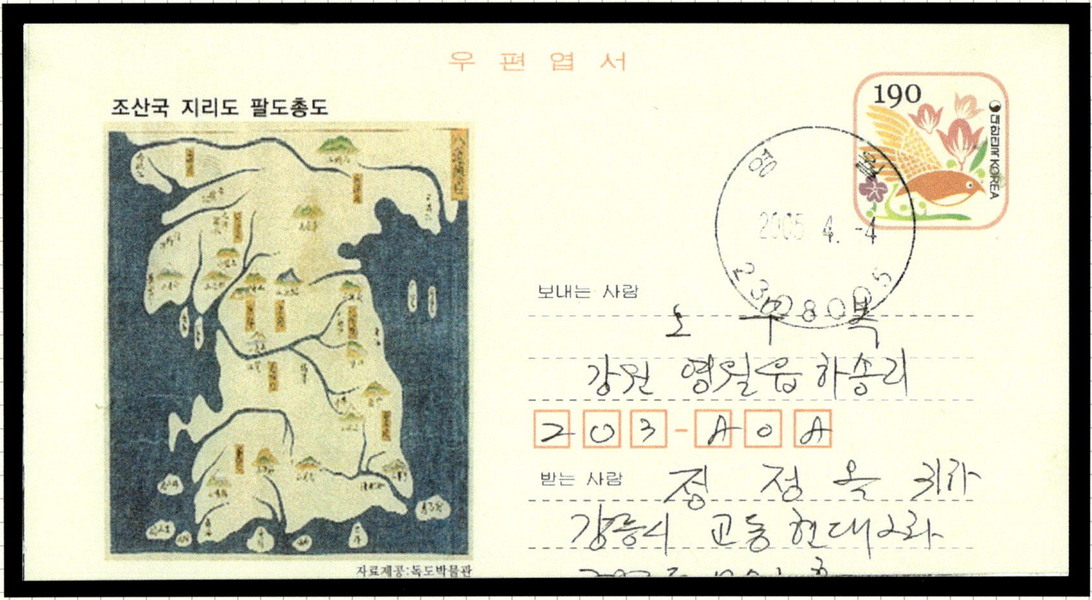

2004년 북한 발행 독도 우표 시쇄

2-2 독도가 우리땅임을 증명하는 문헌

가. 삼국사기(1145년 고려시대)
신라 지증왕 13년(서기 512년)
울릉도의 우산국이 신라에
귀속되었다.
나. 세종신록지리지
(세종 14년 1432년 편찬)
우산 무릉 두 섬이 울진현 정동
앞바다 한가운데 있다.
다. 신중동국여지승람
(중종 26년 서기1531년 편찬)
세종신록지리지와 같은 내용
라. 대한제국 칙령 제41호(1900년)
울릉도를 울릉군으로 승격 시키며
관할 구역에 죽도(울릉도)와 석도
(독도)를 포함

북한 발행 2004년 독도 우표 s/s →

우사사 발행 나만의 우표 신라는 1500년 전 신라 때부터 우리 땅

2-2 독도가 우리 영토임을 입증하는 문헌

액면 220원과 영원 나만의 우표

북한 발행 독도 시쇄 우표

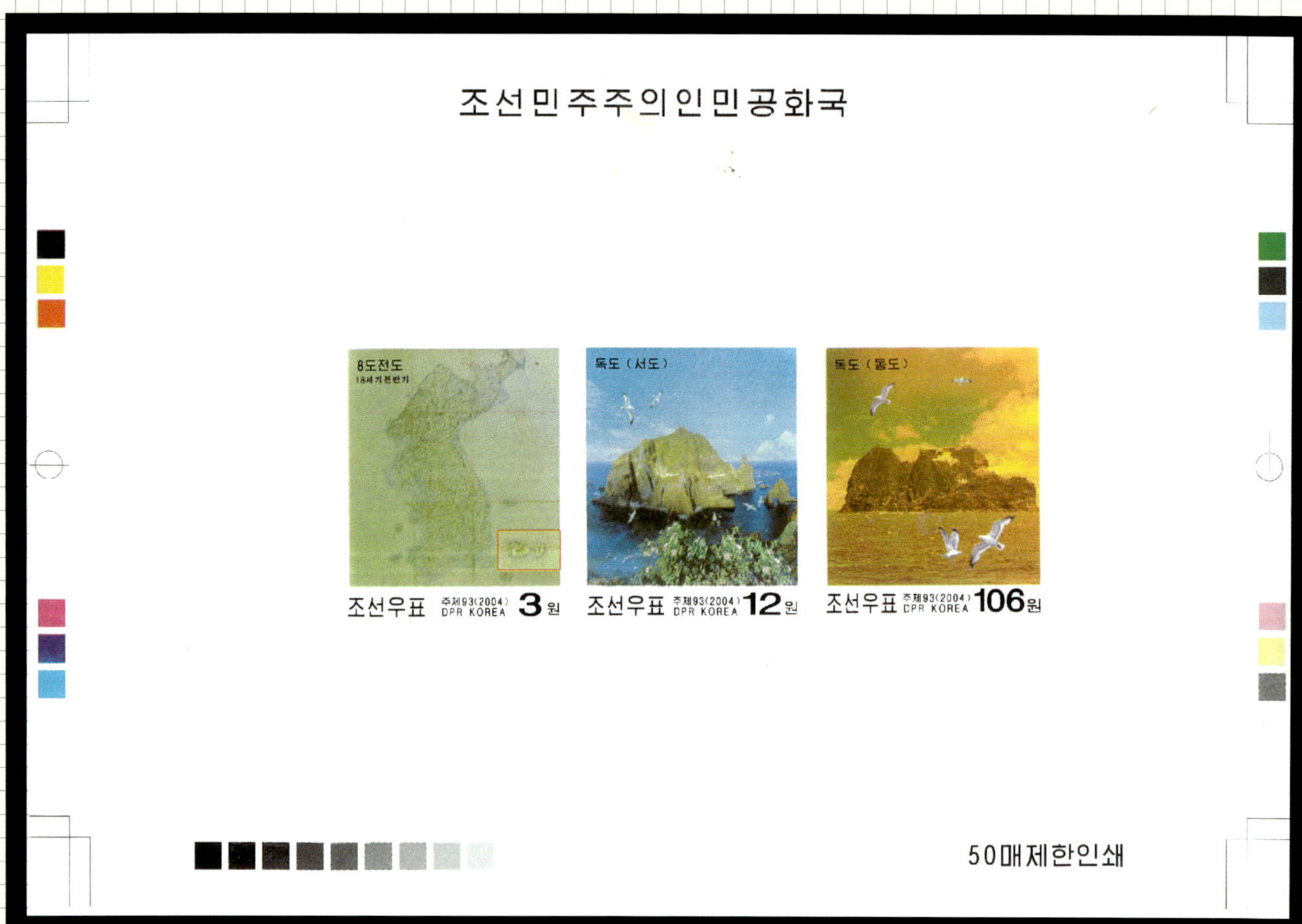

2-2 독도가 우리 영토임을 입증하는 문헌

(북한에서 발행한 독도우표가 2004년 5.18일 평양에서 등기452호로 중국으로 발송된 실체

2-3 독도가 우리 땅임을 입증하는 고지도

1. 팔도총도 (八道總圖) 1531년에 제작된 이 지도는 『신증동국여지승람』에 수록되어 있으며, 울릉도와 우산도(독도)가 그려져 있다

2. 아국총도 (我國總圖) 18세기 후반에 제작된 이 지도에도 독도가 포함되어 있다

3. 대동여지도 (大東與地圖): 김정호가 1861년에 제작한 이 지도는 조선의 전 국토를 상세히 그린 지도로, 독도가 포함되어 있다

4. 혼일강리여대구지도 (混一疆理與大地圖 :1402년에 제작된 이 지도는 동아시아와 세계의 지도를 포함하고 있으며, 독도가 그려져있다.

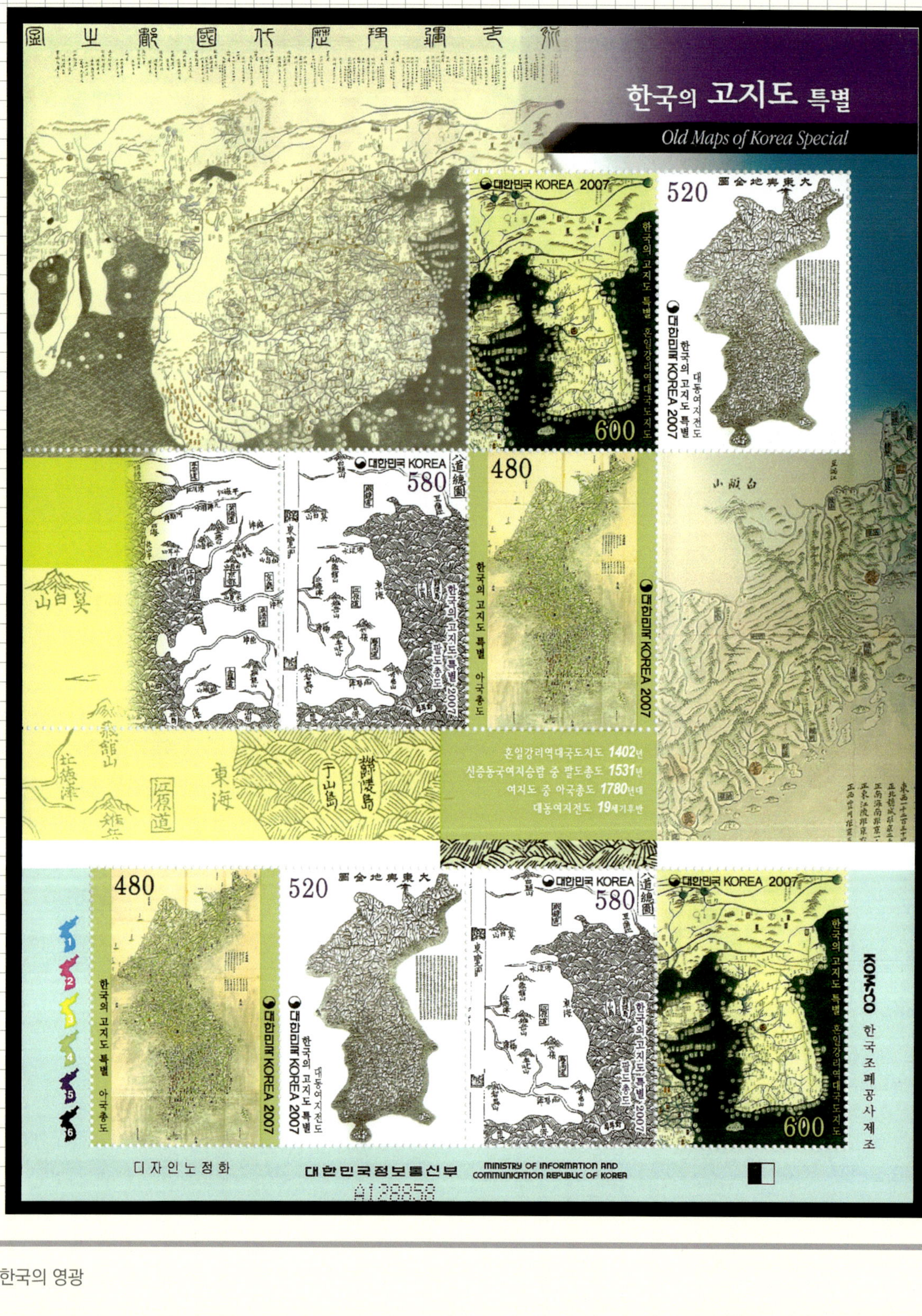

2-4 독도가 우리 땅임을 입증하는 일본의 문서

★ 일본 고지도:일본인 역사학자 구보이 박사가 수집한 30여 점의 고지도 중 일본 '메이지 정부' 때 공식 발간한 지도에는 독도와 울릉도가 조선 반도와 같은 색깔로 표기.

★ 일본 교과서:1887년에 출판된 일본 지리 교과서에는 울릉도와 독도가 한국의 영토로 표기.

★ 일본 정부 지도:1936년 일본 정부가 발행한 '지도구역일람도'에는 독도가 한국의 영토로 표기.

★ 일본의 공문서:1693년에 일본으로 건너간 조선 어부 안용복이 받아온 서계에는 "울릉도와 독도는 일본의 영토가 아니다"라고 명시.

★ 일본의 비밀문서:일본 내에서 극비문서로 분류되었던 '일본해의 죽도에 대하여'라는 문서에는 독도의 옛 이름 '리앙쿠르'가 조선시대의 '이안굴'에서 유래되었다고 기록.

북한에서 발행한 독도 시트와 2018년 5.18일 평양 날인 항공우편

3 독도의 생태환경

3-1 동물 : 해양 생물로는 바다사자 전복 소라 홍합 해삼 새우 홍게 거북손 등이 있다.

3-2 조류 : 괭이갈매기 바다제비 슴새 황조롱이 등이 있고 철새 이동 시기에는 발도요, 물수리, 랑지빠귀, 등이 쉬어가는 철새들의 낙원이다.

2005년 5월 5일 북한 발행 독도 우표(무공)

3-3 식물 : 해국, 사철나무, 번행초, 섬초롱꽃, 술패랭이 등 50~60종의 식물이 자라고 있다

2005년 5월 5일 북한 발행 독도우표(유공)(아래)와 동발행 5월 18일 평양등기 378호 항공우편(위)

4 독도의 실효적 지배

4-1 독도지킴이(경찰)

독도의 안전과 주권을 지키기 위하여 경북경찰청 독도수비대 경찰관 38명으로 구성되어 있으며 50일씩 교대근무를 하고 있다.

제25회 경찰의 날 기념우표 복첩 등기 실체

맥시멈 카드

4-2 주요시설

1. 독도경비대 숙소 : 독도경비대가 상주하며 독도의 안전을 지킨다.
2. 접안시설 : 최대 500톤급 선박이 접안 할 수 있는 시설이 있으며, 이를 통해 독도로의 접근.
3. 유인등대 : 1954년에 최초 설치된 등대는 1998년에 증축되어 현재 3명의 직원이 있다.
4. 주민 숙소 : 독도에 거주하는 주민과 울릉군청 직원들이 거주할 수 있는 숙소가 마련되어 있다
5. 담수기 및 발전기 : 필요한 물과 전기를 생산하기 위한 담수기와 디젤 발전기가 설치되어 있다.
6. 헬기장 : 긴급 상황에 대비한 헬기장이 마련되어 있다.
7. 어민대피시설 : 어민들이 긴급 상황 시 대피할 수 있는 시설이 있다.
8. 기상측정기 : 독도의 기상 상태를 측정하기 위한 기상측정기가 설치되어 있다.

등대 설치 100주년기념우표 ⇒

영원우표(2020년 우표를 사랑하는 사람들)⬇

4-3 독도 관광(헬기 관광)

2022년부터 서울에서 울릉도와 독도를 한 번에 여행할 수 있는 특별한 관광상품으로 헬기와 요트 풀빌라, 캠핑펜트카와 연계한 상품이 주문에 의하여 관광할 수 있다.

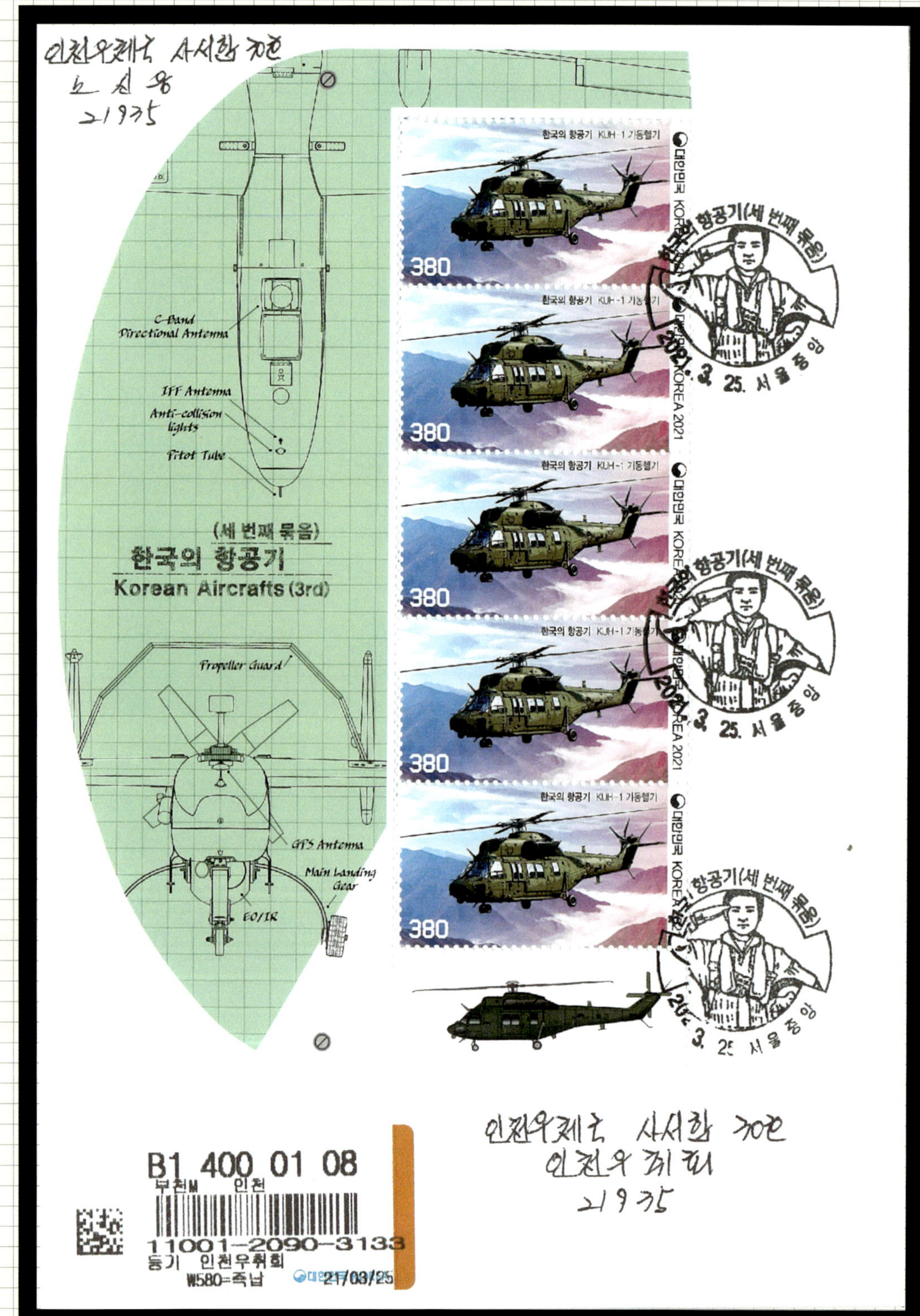

4-3 독도 관광(해상 관광)

세계관광의 날 기념우표

★울릉도에서 독도로 운항하는 배편은 아래와 같다(bing AI 제공)

출발항구	선박 명칭	승선 인원	출발시간	왕복 운행 시간
저동항	썬라이즈호	414	08:20	왕복 4시간
도동항	씨스타11호	449	07:20. 13:40	독도 관광시간포함
사동항	씨플라워호	443	09:10. 15:00	

북한 발행 여객선 삼지연호와 은덕2호

국내 여객선

우표로 새긴 한국의 영광

인 쇄 일 2026년 1월 7일
발 행 일 2026년 1월 8일

편 저 자 조수행
전 화 010-9377-8010
이 메 일 suhang3@naver.com

펴 낸 곳 성원인쇄문화사
주 소 강원특별자치도 강릉시 성덕포남로 188
대표전화 (033)652-6375 / 팩스 (033)652-1228
이 메 일 6526375@naver.com
I S B N 979-11-92224-70-1